OS
LOUCOS
GERAM MAIS RESULTADOS

Luis Paulo LUPPA
Sergio Lopes

OS LOUCOS
GERAM MAIS RESULTADOS

Copyright © 2018
por Luis Paulo Luppa

Coordenação
Rosimeire Raven

Edição
Camila Lucchesi

Capa
Rosimeire Raven

Projeto gráfico e diagramação
Sandra Oliveira

Ilustração: Fernanda Sanovicz

Dados Internacionais de Catalogação na Publicação (CIP)
(Câmara Brasileira do Livro, SP, Brasil)

Luppa, Luis Paulo
    Os loucos geram mais resultados : profissionais diferentes, resultados surpreendentes / Luis Paulo
Luppa, Sergio Lopes. --Cotia, SP : Editora
Resultado, 2018.
    ISBN 978-85-60782-29-1
    1. Administração de pessoal 2. Competência 3. Liderança 4. Planejamento estratégico 5. Sucesso profissional I. Lopes, Sergio. II. Título.

18-17554   CDD-658.3

Índices para catálogo sistemático:
1. Gestão de pessoas : Administração de empresas
658.3 Cibele Maria Dias -Bibliotecária -CRB-8/9427

Todos os direitos reservados a Editora Resultado
Av. José Giorgi 1181 – Granja Viana – São Paulo – Brasil
Tel: (11) 4612 9783

Sumário

Introdução 7

Capítulo 1: Gestão de pessoas 2050 19

Capítulo 2: Gestão do comportamento 33

Capítulo 3: Vale a pena ser louco 45

Capítulo 4: Responsabilidade ou atitude? 61

Capítulo 5: Pronto para a jornada? 77

Capitulo 6: Jantando com eles 105

Capítulo 7: Liderando um time de loucos 113

Capítulo 8: O DNA das competências deles 129

Introdução

Existem muitas coisas nesta vida que causam impacto. Imagine quando você está dirigindo seu carro naquele trânsito "agradável", em plena marginal Tietê, em São Paulo. Com uma chuva fina, a preocupação com arrastão e, do nada, você bate o olho num tremendo outdoor onde está escrito:

Jesus está voltando.

O que você pensa?

Opção 1: Nada.

Opção 2: Quem foi o louco que escreveu isso?

Opção 3: Quando será que ele volta?

Nessa situação, o que menos importa é a resposta. O objetivo já foi alcançado. Traduzindo para o mundo corporativo: quem colocou aquele outdoor ali já bateu a sua meta e fez a entrega que seu líder esperava.

O objetivo era que, por alguns segundos, aqueles que passassem pensassem em Jesus. Isso ele conseguiu. Parece loucura, né? Mas é assim que as coisas funcionam.

Você jamais perguntaria a um mendigo como se faz para ficar rico. Porém, muitas pessoas em situação de miséria já se tornaram bem sucedidas.

Talvez um dos maiores pecados da relação entre pessoas seja o fato de estabelecermos julgamentos preliminares e precipitados dos outros.

Isso é assim mesmo, basta você ficar um pouco mais atento. Logo que conhecemos alguém já iniciamos um processo severo de julgamento pelo que está em torno da pessoa. Quem tem intenções comerciais com alguém verá um bom sinal se essa pessoa chegar com um carro caro. Se ele está mal vestido, nosso julgamento interno diz que esse cara não é bem sucedido. Se ele chega bem acompanhado dá sinais de consistência familiar.

Enfim, basta você aparecer na maternidade como um novo ser humano para começarem a te rotular: "Olha, que gracinha! - a cara do pai!"

NÃO JULGUE AS PESSOAS!
APENAS COMPREENDA.

Este é um exercício que te fará muito bem e lhe trará grandes surpresas.

Falando em surpresas, pense comigo: Quem nesta vida é capaz de te surpreender? Alguém normal, previsível, ou aquela pessoa diferente, fora da curva, tanto para o bem quanto para o mal (porque aí é uma questão de escolha).

Temos grandes líderes em nossa História; alguns escolheram o caminho do bem e outros optaram pelo do mal. Ou você tem dúvidas que Hitler foi um grande líder? Que o Fernandinho Beira-Mar é um grande líder?

É, meu amigo... Definitivamente, a vida é feita de escolhas. Agora, voltando à pergunta: Quem é capaz de te surpreender? No meu entendimento, quem pode te surpreender é o que vamos denominar daqui em diante como LOUCO. Primeiramente, vamos ver o que a sociedade e os dicionários nos ensinam sobre esta palavra.

Louco

Adjetivo

Que perdeu a razão; alienado, doido, maluco.

Desprovido de sensatez; insensato, temerário, estroina.

Repleto de fúria; furioso, alucinado.

Dominado por uma emoção intensa: louco de alegria.

De teor intenso, vivo, violento: amor louco.

Contrário à razão; absurdo: projeto louco.

Que não tem controle sobre si mesmo; descontrolado.

Que gosta excessivamente de; apaixonado: louco por chocolate.

De aspecto incomum; anormal.

Sem bom senso, moderação, prudência; imprudente.

Que não é previsível, controlado; imprevisível.

Veja só como é a vida, meu amigo, como tudo depende de simples percepção e boa vontade. Você pode ler o significado acima e achar legal ou achar aterrorizante.

Quantas vezes você já falou:

Estou louco de amor por você...

Estou louco de vontade de comer um churrasco...

Estou ficando louco de tanto trabalhar...

Você está louco...

Como você pode ver, a loucura faz parte da sua vida há muito tempo.

Tem gente que tem orgulho por ser louco. Vejamos o exemplo de milhares de pessoas pulando e cantando alto:

Aqui tem um bando de louco! Loucos por ti, Corinthians...

Como você explica isso? É simples! Temos de encarar a loucura - ou os loucos - sem julgamento. É preciso apenas compreensão e, a partir daí, você vai perceber que existe uma singularidade nessas pessoas. E quando o assunto é sucesso profissional, posso lhe garantir que OS LOUCOS GERAM MAIS RESULTADOS!

O louco acredita em algo que outro julga ser impossível e é exatamente aí que ele faz toda a diferença. Recentemente, tivemos um exemplo global e inexorável de que os loucos geram mais resultados.

Nome: Donald Trump.

Perfil: Louco.

Profissão: Homem de sucesso em tudo que faz.

Objetivo: Ser o homem mais poderoso do mundo.

Estratégia: Ser eleito presidente dos Estados Unidos.

Ameaças: Todas e mais algumas que eu esqueci.

Oportunidades: As conquistadas com o dinheiro que ele tem e outras que ele vai criar pelo caminho.

Ele conseguiu, contra tudo e contra todos os julgamentos que fizeram. No meio do caminho, criou discursos absolutamente desconexos com o mundo real. Prometeu o que sabia que jamais conseguiria cumprir, porém fez um dever de casa básico e primário dos vendedores do século passado: Falar o que o cliente gosta de ouvir e não o que ele precisa ouvir.

Foi assim que, mesmo brigando (literalmente) com o próprio partido, sendo grosseiro com quem atravessava o caminho dele e com um plano de ação de risco, ele foi eleito presidente dos Estados Unidos e se tornou o homem mais poderoso do mundo.

O cara disse que iria construir um muro na divisa com o México, que os mexicanos iriam construir o próprio muro e, ainda por cima, pagar por ele!

Um louco? Claro! Mas, entrega resultados? Claro!

A economia americana nunca esteve tão em alta, a Bolsa nunca subiu tanto, são trilhões de riquezas que foram gerados na administração dele, mas isso ninguém noticia e sabe por quê? Porque os loucos incomodam!

É melhor falar que ele vai causar uma guerra com a Coreia do Norte, que ele cria inimizade com outros países, que é deselegante em seus discursos.

Isso tudo é verdade, mas a entrega esta aí. O sucesso da administração Trump é incontestável.

Para deixar claro: Não sou fã dele, apenas estou reconhecendo seus méritos sem julgá-lo. Você se lembra do Romário na Copa do Mundo de 1994? Uma pessoa altamente contestada, que desagrega grupos e de personalidade conturbada... Mas quem foi que classificou o Brasil para o campeonato? Quem foi o artilheiro tetracampeão do mundo? O louco do Romário! Quem não quer um Romário no time?

Dizem que o Fábio Jr. é um cara difícil, que já se casou sei lá quantas vezes. Ele é louco? É! Um tremendo compositor, ator, cantor, que construiu uma legião de fãs e uma obra intelectual invejável.

O UFC cansou de dar declarações que o Anderson Silva era um problema, uma pessoa impossível de controlar, de personalidade difícil, mas... Que ele é o melhor lutador de todos os tempos do UFC! Louco? É!

Se você parar por 15 minutos, vai se lembrar de um bando de loucos que fizeram a diferença por onde passaram. Então, sem julgamentos e apenas com a compreensão dos fatos, chegamos a uma conclusão lógica de que os loucos geram mais resultados.

Faça um simples exercício na sua empresa:

Quem vende mais? É o cara que estuda o produto, o serviço, entrega tudo em dia, nunca erra no relatório de despesas ou é o vendedor que não chega na hora, reclama de tudo, contesta a hierarquia em busca de soluções, nunca entrega os relatórios no prazo e, muito menos, de maneira correta? Aquele mesmo cara que te liga às 21 horas implorando para entregar um pedido no dia seguinte pela manhã, que às 7 horas está tomando café com um cliente e às 22 horas está tomando uma gelada com outro cliente...

Certamente você já está pensando naquele danado que "enche o saco", que não cumpre as regras, mas bate a meta todos os meses. Como é que você se livra de um louco desse? Imagina o estrago que esse cara faria trabalhando para o seu concorrente? Você precisa pensar se ele é um problema ou uma solução. É problema se você não souber lidar com ele, é solução se você sabe.

Logo, qual é o nosso grande desafio?

Identificar esses caras. Entender como lidar com eles. Ter uma estratégia para que eles convivam em grupo. Saber como retê-los e mantê-los motivados.

E, fundamentalmente tê-los na sua empresa, na sua equipe de trabalho, porque eles fazem a diferença. Eles entregam o que e quanto você precisa.

Eles vão superar metas e ampliar seus horizontes. Logo, meu amigo, o desafio está em suas mãos, porque os loucos estão por aí e garanto que é melhor tê-los a seu favor do que contra você.

Este livro tem o objetivo de ajudar você a ter um convívio saudável, alucinante e, literalmente, levar sua empresa à loucura! Para transformar esse livro numa autêntica viagem e dar mais autoridade técnica ao tema "pessoas" convidei um amigo para escrever comigo.

Sergio Lopes - ou Serjão, como costumo chamá-lo - é um cara diferenciado e pude perceber isso no dia que o entrevistei para ser o vice-presidente de Engenharia Humana em nosso grupo.

Trabalhei diuturnamente com ele em diversas questões que envolvem gestão de pessoas e como construir uma equipe capaz de conviver com um Pit Bull e ser um deles. Como manter esse time todo focado e orientado para o sucesso constante e, mais do que isso, entendê-los cada vez mais.

Serjão tem muitos anos na liderança do tradicionalismo de Recursos Humanos e a gestão disruptiva da Engenharia Humana. Era exatamente essa visão - que é a "cereja do bolo" deste livro – de ter alguém de Recursos Humanos que tivesse passado por todas essas fases, desde o chão de fábrica até os salões presidenciais.

Serjão: É um enorme prazer dividir esse texto com você!

Luis Paulo Luppa

Pelo meu lado, posso dizer que recebi um convite do amigo Leonardo Ortega, em outubro de 2013, para participar de um processo seletivo no Grupo Trend, para a vaga de diretor de Engenharia Humana (?!). Depois de ter as informações iniciais sobre a empresa, o negócio e a vaga (que, para mim, nada mais era do que uma diretoria de Recursos Humanos) e passar por uma entrevista prévia com o Leonardo, o próximo passo seria a entrevista com o presidente do grupo, o Luppa.

Como um bom candidato, fui pesquisar mais sobre o Luppa e a primeira coisa que encontrei foi "O Vendedor Pit Bull", um *best-seller*. Achei curioso, pois já havia me deparado com esse livro inúmeras vezes nas livrarias, mas confesso que a imagem do pit bull na capa e minha visão sobre o animal, me trazendo à mente certa agressividade, sempre me impediram de ler a obra (olha o preconceito aí). Ainda mais eu que adoro cachorros, mas tenho o poodle como raça preferida!

Bem, por dever de ofício, li o livro. E, logo de cara, li uma explicação sobre o porquê do pit bull. Não tem nada a ver com agressividade no conceito de violência que construí no meu paradigma inicial, mas com força, disciplina e foco como elementos do sucesso de um vendedor. Características de um pit bull. Pareceu mais palatável!

E lá vou eu para a entrevista. Ao ser recebido pelo Luppa e durante os rapapés iniciais, fiz uma coisa que sempre faço: Observei atentamente o ambiente da sala, que conta muito sobre seu ocupante. Uma mesa enorme, poltronas confortáveis, um bar com vários elementos ligados ao Jack Daniel's, muitas miniaturas de carros, todos os livros e DVDs publicados por ele, um helicóptero pendurado e, muito curioso, uma marionete! Eu pensei: Poxa, o cara é diferente!

A entrevista - que foi mais um bate-papo - durou mais de duas horas e falamos basicamente sobre pessoas e resultados. Sobretudo, a respeito da tal Engenharia Humana, título que o Luppa atribui à área de Recursos Humanos. Em minha experiência de mais de 30 anos em RH, já vi muitas nomenclaturas diferentes, mas Engenharia Humana era inédita.

Perguntei a razão e tive uma das mais brilhantes visões sobre gestão de pessoas. Luppa disse, mais ou menos assim: "O ser humano é uma verdadeira obra de engenharia. Complexo, profundo, desconhecido. Portanto, lidar com pessoas é trabalho para engenheiros!".

Muito interessante, pois minha visão para o profissional de RH é que somos cientistas sociais (para entender os movimentos da sociedade e antecipar modelos de gestão de pessoas) e também cientistas do comportamento (para entender o comportamento humano em todas as suas características e facilitar o trabalho básico da liderança que é obter resultados por meio das pessoas).

Fui contratado pelo Grupo Trend e lá fiquei por dois anos e meio, compartilhando com o Luppa e um brilhante grupo de profissionais a transformação de uma operadora de turismo num grupo de empresas que oferece soluções completas para o agente de viagens.

Vivi inúmeros momentos de "loucura produtiva", principalmente na busca constante por melhores resultados e pelo crescimento exponencial do negócio. Às vezes, rotulava o próprio Luppa como um "louco"! E, apesar do impacto inicial, lá íamos nós em busca daquilo que parecia loucura.

Se você me perguntasse, antes de minha experiência com o Luppa, se eu era um "louco", certamente diria que não. Porém, olhando para minha trajetória profissional até aqui, se não tivesse muito de "louco" não seria o que sou hoje.

Mantive contato com o Luppa após minha saída do Grupo Trend e uma vez, tomando um café juntos, pedi a ele conselhos sobre minha vida profissional. Dentre outras coisas ele me disse: Escreva um livro. Bom, isso já estava na minha lista de prioridades. Ele continuou: Vamos escrever um livro juntos. Por essa eu não esperava! E ele já tinha a ideia pronta: Os loucos geram mais resultados! Topei na hora (não falei que sou louco?), mesmo sem saber exatamente o que íamos produzir!

Como tenho mentalidade de crescimento (leia mais no capítulo 1) e o Luppa também, aqui estamos apresentando a você nossas ideias de como identificar, atrair e desenvolver pessoas que são acima da média, apresentam um propósito claro, com competências essenciais muito desenvolvidas e entregam um resultado excepcional!

Certa vez, à frente de uma equipe de profissionais de gestão de mudança, resolvi contratar uma engenheira mecatrônica para uma vaga de analista. O pessoal do Recrutamento & Seleção disparou: Está louco? Não! O que eu queria era construir uma equipe com diversidade de formação, para ter perspectivas diferentes sobre as melhores soluções.

Em outro momento, como gerente de RH de uma fábrica de eletrodomésticos, fui convidado a assumir a gerência da Produção, para conduzir um *turnaround* no processo produtivo. Falei para o meu então chefe, o Freitas: Não sei quem é mais louco; você por me convidar ou eu por aceitar. E foram os três anos mais incríveis da minha carreira.

Ao longo de minha experiência em RH, sempre incentivei as equipes a buscar formas diferentes de selecionar, treinar, remunerar e desenvolver pessoas. Sempre busquei incutir nos profissionais de RH a consciência de aceitar o diferente e perguntar: Por que não? Não sou adepto das pressões sociais atuais sobre as minorias, com a criação de cotas, por exemplo. Sou adepto, sim, da meritocracia, de reconhecer e recompensar todos aqueles que têm a coragem de "ir pra cima" sem medo de errar.

Sou admirador incondicional de pessoas com uma certa dose de loucura, pois elas são responsáveis por transformar o mundo.

Sergio Lopes

Boa leitura!

Uma das coisas com as quais o Serjão já se divertiu muito foi com minhas histórias. Aqui vai mais uma... Uma das grandes experiências que eu vivi na minha vida foi ter conhecido o articulado e problemático Tim Maia. Um cara absolutamente diferente, com uma capacidade de criação, uma voz e um ouvido para a música como poucos.

Tim Maia poderia ter sido um Barry White, com reconhecimento global para estar presente em todos os palcos do mundo. Mas sumiu do mapa de forma inusitada, porém esperada.

Quem consegue ficar parado ao som de "Sossego"? Quem não canta "Azul da Cor do Mar"? Tim Maia tinha um coração do tamanho da sua irresponsabilidade e aí, meu amigo, nada dá certo mesmo.

Um potencial inesgotável de sucesso que foi se esvaindo e culminou na sua morte, amparada por algumas poucas pessoas que insistiam em continuar ao seu redor. E aí entra novamente aquele papo do julgamento. "O cara não tinha jeito." Não é isso, amigo, o que falta é gestão.

Imagina se Tim Maia tivesse alguém com preparo para gerir a sua carreira? Que tivesse montado um plano? Teria sido tudo diferente. Quantas pessoas você conhece que têm o seu plano de vida em um pedaço de papel? Pouquíssimas.

Como pode? Não existe nada mais importante que a sua vida e você não sabe o que pretende, nem como e muito menos em que tempo.

Na empresa em que você trabalha existe plano orçamentário, estratégico e um monte de manual. Na sua vida não tem nada.

Como pode dar certo? Só por acaso mesmo. Isso é falta de orientação, de gestão. Quantos "Tim Maias" não se foram? Lembrei agora do Garrincha. Imagina o Garrincha bem orientado?

Gestão de pessoas. O que é isso? Esquece esse negócio de área de RH; detesto esta expressão Recursos Humanos, gente é gente. Aqui denominamos a área que cuida de pessoas de Engenharia Humana. Porque gente é uma máquina com múltiplas engrenagens que precisam ser compreendidas, lubrificadas e bem exploradas.

A engenharia consiste em entender o perfil da pessoa e as suas potencialidades e canalizar esforço para "anabolizar" o que é bom.

Mas e o que não é bom? Você anula! Não perca tempo tentando treinar o Neymar a marcar por zona, o cara é um gênio com a bola no pé. Coloca alguém para fazer isso para ele e pronto.

NUNCA FAÇA ALGUMA COISA QUE ALGUÉM POSSA FAZER BEM FEITO POR VOCÊ.

Gerir pessoas é, certamente, o maior desafio de qualquer organização, o resto, é consequência. Aí vem o "nuvem negra de plantão", aquele que só diz "oh vida, oh céus":

— É, mas se não tiver preço não adianta.

Resposta: Aprenda a vender valor e nunca mais você vai discutir preço.

— É, mas se a tecnologia não funcionar estamos perdidos.

Resposta: No tempo que você usou para reclamar do que tem, já inventaram outra coisa. Está obsoleto, então aproveite!

— É, mas o mercado esta difícil.

Resposta: E vai piorar, competição é a regra do jogo e é global. Apertam um botão na Índia, vendem aqui em Sorocaba e ainda, entregam em 48 horas.

Amigo, se você não quer brincar não desce para o *playground*! Gestão de pessoas tem muito mérito ou muita culpa quando os resultados não aparecem. Pense comigo:

Se o mercado é uma guerra que tipo de general você quer? Aquele que fica preocupado com a administração do quartel, se o jipe está limpo e se tem mantimentos para todos na hora do almoço; ou aquele general que tem sangue nos olhos, coloca o fuzil nas costas e dá um grito de guerra para a tropa, deixando todo mundo motivado e em linha para ir para o *front*.

Você entregaria o seu exército para um general que nunca deu um tiro?

Então, tem gente contratando vendedor para ser gerente de vendas.

Tem gente contratando consultor para dirigir empresas. E por aí vai.

Quem planta manga não vai colher morango nunca!

Traduzindo para os palpiteiros de plantão que adoram ficar mandando e-mails, mensagens e postando nas redes sociais: Vá visitar seus clientes para ver como funciona o mundo real, porque se contratou errado a conta vai ficar bem cara.

E, invariavelmente, os gestores de RH têm dificuldades para reconhecer e admirar os loucos. Lembre-se: Os loucos geram mais resultado!

Como um gestor tradicional de RH definiria em seu extenso laudo (eles adoram isso) um louco? Vamos supor que o nome dele seja Frank.

"Frank é uma pessoa inquieta, muito criativa, acredita em si e possui uma personalidade forte, opinião própria e indicativa de liderança nata. Porém, sugere dificuldades de adaptação, denota pouca intenção em colaborar em equipe, tem forte tendência à desmotivação quando é contrariado."

Bem, vamos juntos entender esse laudo e porque esse louco passaria despercebido pelo gestor:

1. Pessoa inquieta.

    Toda pessoa voltada e dirigida a resultado é dinâmica, proativa e muito autoconfiante. Você consegue imaginar o grande Cid Moreira narrando uma final de Copa do Mundo? Não combina, o cara tem que ser inquieto mesmo. Já viu algum atleta relaxado na largada de uma prova?

2. Muito criativa.

    Gestores confundem participação, ideias e opinião

sobre o que está sendo dito com criatividade. Isso é uma maneira delicada de dizer que alguém é intrometido, fala muito.

3. Personalidade forte.

   Fico danado quando escuto isso. O que é personalidade forte? Você conhece personalidade forte, fraca, média, meio fraca, muito forte? Ou você tem personalidade ou não tem! É que nem a história do lobo mau. Lobo é lobo, não tem lobo bom, lobo legal, lobo maneiro, lobo funkeiro. Lobo é lobo!

4. Pessoa de opinião própria.

   Meu Deus! Será que eu deveria levar a opinião do Tiririca a uma entrevista?

5. Indicativo de liderança nata.

   Você conhece alguma loja que vende liderança? Você conhece algum curso que transforma pessoas em líderes? Existe tecnicismo que, somado ao comportamental, cria um líder. Liderança é sempre nata, mas pode e deve ser potencializada com técnicas.

6. Sugere dificuldades de adaptação.

   Isso aqui é simples: Medo do novo, do louco. Um cara que trabalha no segmento de venda direta e vai para um segmento de venda consultiva tem de se adaptar. Um novo emprego é um processo de adaptação. Todo mundo tem de se adaptar a tudo o tempo todo, mesmo que não queira.

   Olha o Horário de Verão aí. Você vai ficar na cama?

7. Denota pouca intenção em colaborar em equipe.

   Uma pessoa que acredita muito em si tem como hábito saber que o princípio básico do sucesso é fazer bem o que precisa ser feito. Não depender da crença ou da motivação alheia para alcançar o sucesso é um importante atalho para chegar ao topo. Isso não quer dizer que essa pessoa não sabe conviver ou contribuir com o coletivo, isso apenas não é determinante para ela.

8. Forte tendência à desmotivação quando é contrariado.

Você já viu um craque ficar satisfeito quando o técnico o coloca no banco de reservas? É a mesma coisa. Você quer uma pessoa conformada ao seu lado? O conformado dá muito menos trabalho para gerir, mas também se conforma com qualquer resultado e, certamente, vai vibrar com 95% da meta entregue.

O inconformado tem um infarto se atingir 99% da meta e vai ficar sem falar com ninguém um dia inteiro; isso sem contar que vai atormentar a vida de todos até achar esse 1% que ficou perdido no meio do caminho. Se nada der certo, ele afoga as mágoas num bar e começa com motivação dobrada no mês seguinte.

Resumo da ópera: São raríssimos os gestores de RH que sabem sequer identificar o louco. A tendência é rejeitar aquilo que não é convencional.

Imagine você se, há apenas 10 anos, um funcionário da sua empresa chegasse para trabalhar com fone nos ouvidos, tatuagem aparecendo e uma calça rasgada no joelho. O que você faria? Hoje esse é o estilo, isso sem contar o boné.

Amigo, tudo mudou e vai continuar mudando. Aí vêm os gestores de RH e colocam um escorrega, uma mesa de pingue-pongue e uma mesa de sinuca na empresa (só para parecer que estão em linha com o Google) e dizem que estão na geração Y.

Aqui o tema não é de geração, mas de competência. Você pode ensinar qualquer coisa a uma pessoa, mas dificilmente vai conseguir alterar o seu DNA, a sua essência. Se o cara é lento, é lento. Se ele é conformado, é assim que ele vai ser. Se ele tem medo ou é burocrata e foi feito para viver dentro de padrões delimitados, pode ter certeza de que não vai sair do quadrado.

Agora, se você coloca o louco dentro de muitas regras, ele explode.

Vamos recorrer ao bom e velho C-H-A: Conhecimento; Habilidade; Atitude.

O que adianta ter conhecimento, que está disponível para todos e o tempo todo? Basta você se lembrar de que nossos filhos não nos perguntam mais nada, eles vão direto ao Google.

Habilidade é algo que se desenvolve com treino e disciplina.

Agora me conta: Como você ensina alguém a ter atitude? Vai lá e bate o pênalti! Tem jogador que se esconde em campo nessa hora. Vai lá e beija aquela menina! Tem adolescente que fica paralisado. Vai lá e fala com o professor! Tenho medo...

Amigo, essa é a realidade! Atitude vem de berço, não se ensina.

Nada é mais importante que a atitude, pelo simples fato de que não é um bem adquirível. Os loucos são pessoas de muita atitude e isso incomoda.

Sabe por quê? Porque aqui temos uma enorme falha de gestão.

Como eu não sei gerir uma pessoa dessas e isso vai me dar muito trabalho, o melhor é tirar esse problema da frente.

E lá se foi a sua oportunidade de ter um Neymar no seu time... Esse perfil é mais que desejado, ele é necessário para a empresa! Contrate um louco e saboreie a loucura que é estar no topo sempre.

Vejam que bacana o que eu recebi de uma amiga sobre atitude. Quando o assunto é sucesso, a percepção geral é de que as pessoas mais inteligentes irão decolar e deixar todos os outros para trás. Mas uma pesquisa conduzida pela Universidade de Stanford (Califórnia, EUA) mostra justamente o contrário.

A psicóloga Carol Dweck passou a carreira inteira estudando a relação entre atitude e desempenho. Seu último estudo mostra que a atitude de uma pessoa é um melhor indicativo de sucesso do que o Quociente de Inteligência (QI). A pesquisadora descobriu que existem dois tipos de mentalidades que dão origem a atitudes.

A primeira é uma **mentalidade fixa**. Ela aparece em indivíduos que acreditam que não são capazes de mudar. Quando desafiados, eles enfrentam problemas porque qualquer coisa que pareça ser maior do que aquilo que eles podem lidar faz com que se sintam sem esperança e sobrecarregados.

Já pessoas com o segundo tipo de mentalidade, uma **mentalidade de crescimento**, acreditam que sempre podem melhorar com o esforço.

Elas se saem melhor do que aquelas que têm uma mentalidade fixa, mesmo se tiverem um QI menor. Isso porque abraçam desafios e os tratam como oportunidades de aprender algo novo.

Veja abaixo algumas das principais características dos dois perfis que a psicóloga encontrou em seus estudos:

Mentalidade fixa: Evitam desafios, desistem facilmente, não enxergam sentido em desafios e ignoram críticas construtivas.

Mentalidade de crescimento: Abraçam desafios, persistem mesmo em condições difíceis, enxergam o esforço como caminho para a maestria e aprendem com críticas.

O fator decisivo para traçar esses dois tipos de personalidade é como uma pessoa reage a desafios e percalços no caminho. De acordo com a pesquisadora, o sucesso tem muito a ver com como a pessoa lida com o fracasso. "O fracasso é uma informação. Nós a rotulamos como fracasso. Mas pessoas com mentalidade de crescimento pensam: 'isso não funcionou, então ou eu resolvo a situação para que funcione ou eu tentarei outra coisa'".

É possível treinar e desenvolver uma mentalidade de crescimento com o tempo. De qualquer maneira, uma mentalidade não é eterna. Para isso, abaixo vão algumas estratégias.

Não fique desamparado

Todos nós temos momentos em que nos sentimos assim. O que conta é como reagimos ao desamparo. Podemos aprender ou afundar com ele. Muitas pessoas bem sucedidas hoje enfrentaram momentos difíceis em suas histórias.

Walt Disney foi demitido de seu emprego no jornal Kansas City Star porque seu editor achava que lhe faltavam boas ideias e imaginação. Henry Ford teve de fechar as portas de duas fabricantes de carros antes de fundar a Ford e transformar a indústria automotiva. Steven Spielberg foi rejeitado várias vezes pela Escola de Artes Cinematográficas da Universidade do Sul da Califórnia.

Olha os loucos aí... Imagine o que teria acontecido com qualquer uma dessas pessoas se elas tivessem uma mentalidade fixa. Provavelmente, teriam sucumbido à rejeição e desistido. Pessoas com uma mentalidade de crescimento não se sentem desamparadas porque entendem que, antes do sucesso, é preciso fracassar algumas vezes.

Seja apaixonado

Pessoas com mentalidade de crescimento perseguem suas paixões, independentemente do que aconteça. Elas sabem que sempre haverá alguém mais inteligente ou talentoso do que elas. A verdade é que é possível compensar a falta de talento com paixão. É esse o sentimento que faz com que essas pessoas busquem e alcancem a excelência.

O investidor Warren Buffett dá uma dica de como encontrar sua verdadeira paixão: Faça uma lista com as 25 coisas com as quais você mais se importa. Então, risque todas as últimas 20. As cinco primeiras coisas que você escreveu são suas verdadeiras paixões. O restante é apenas distração.

Vá além

Pessoas com mentalidade de crescimento se dedicam 100%, mesmo nos piores dias. Elas sempre estão tentando ir além. Uma história ilustra bem do que se trata essa lição:

Um dos alunos do instrutor de artes marciais Bruce Lee costumava correr com ele quatro quilômetros por dia. Certa vez, eles estavam prestes a atingir o quarto quilômetro, quando Lee disse: "Vamos correr mais dois quilômetros". O aluno estava cansado e respondeu que iria morrer se tivesse de correr mais dois quilômetros. O professor disse: "Então, corra".

O aluno ficou tão bravo que terminou os seis quilômetros. Cansado e furioso, confrontou Lee. Foi assim que o professor explicou: "Desista e você pode muito bem morrer. Se você sempre colocar limites em tudo que fizer, fisicamente ou não, isso irá se espalhar por todos os outros aspectos da sua vida. Isso irá se espalhar em seu trabalho, moral, no seu ser. Não existem limites".

Pois é, meu amigo, histórias, fatos e exemplos não faltam para inspirar você a trilhar o caminho da loucura saudável. Durante muitos anos de vida corporativa tive a missão de identificar e potencializar pessoas, o que chamam de recrutamento, seleção e por aí vai. Conheci muitos perfis e muita, mas muita gente mesmo do nível gerencial para cima. Já que falei tanto do perfil do louco, quero que você se atenha por alguns minutos a outros perfis e depois faça uma autoanálise e chegue à sua própria conclusão.

O Comunicador

É extrovertido, fala muito, é extremamente adaptável e muito ativo.

Jamais tente implantar uma rotina na vida dessa pessoa, dê a ela autonomia e estimule o trabalho em equipe. Ser muito rígido, não proporcionar aventuras e desafios e se esquecer do 'tapinha nas costas' para ela é a morte.

O Planejador

É uma pessoa calma, serena, prudente e dá uma aula de autocontrole.

Adora trabalhos e processos rotineiros; planejar é quase como ajudar o próximo. São germânicos, disciplinados e ficam desesperados quando alguém recorre ao improviso para solucionar alguma coisa.

O Executor

Sempre ligado nos 220 volts, extremamente competitivo, otimista e dinâmico. Precisa de desafios para respirar, tem paixão por liderança e assume riscos com naturalidade. Se você prender um cara desses em processos ou não lhe der espaço, ganha um problema.

O Analista

São críticos, precisos como um relógio suíço, cautelosos, pensam 50 vezes antes de indicar um caminho e são muito detalhistas. Fãs da perfeição, de métodos complexos, se sentem bem em ambientes previsíveis e calmos.

Jamais pressione um analista, ele vai se sentir inseguro e vai paralisar.

GENTE É O MAIOR BARATO!

Se você não gosta de gente, jamais será um líder.

Se você não gosta de gente, jamais participará de uma equipe de trabalho.

Se você não gosta de gente, está perdendo a melhor parte da vida.

Nós gostamos de gente louca por resultados!

PROCURAM-SE LOUCOS DESESPERADAMENTE.

PRECISAMOS DE RESULTADOS JÁ!

Antes de falarmos sobre a gestão do comportamento dos nossos loucos, é importante fazer uma reflexão inicial sobre a cultura da sua organização.

Se for uma cultura presa ao tradicional, às velhas estruturas altamente hierarquizadas e com estilos de liderança "comando e controle", esqueça os loucos. Eles, definitivamente, não se adaptam a esses ambientes, em razão da natureza do comportamento deles.

Vou falar um pouco sobre a natureza do comportamento do louco. Ele é inquieto, criativo, tem personalidade e opinião própria, lidera com naturalidade, é protagonista e eternamente insatisfeito. Se algumas dessas características forem manifestadas ao extremo, elas podem transformar o nosso louco produtivo num daqueles caras de difícil convivência e que causa problemas com clientes, pares, equipe e liderança.

Mesmo que venha o resultado (e provavelmente virá!), ele terá deixado um rastro de sangue pelo caminho por onde passou. O segredo é o saudável equilíbrio dessas características, com a possibilidade de que uma ou outra seja um pouco mais exagerada.

A gestão do comportamento - tanto nas áreas de RH como na liderança direta do louco - precisa estar atenta, e identificar rapidamente as características que podem estar fora do controle e cuidar disso rapidamente.

Suspenda o julgamento e compreenda!

Esse comportamento faz parte do "pacote", mas precisa ser tratado.

Não conheço melhor ferramenta para isso do que o feedback. No final deste capítulo, vou dar algumas dicas de feedback de comportamento para loucos.

Vamos seguir com as características... Podemos pensar nelas como se fossem o motor para a motivação deles. Cada tipo de motor exige um tipo diferente de combustível para mantê-lo em pleno funcionamento, liberando toda a energia possível para chegar aonde é preciso – ou seja, nas metas e nos resultados.

INQUIETO

Então, qual é combustível para o motor do inquieto? Dê a ele, além de suas atividades rotineiras (ele odeia fazer mais do mesmo), desafios complementares (desenvolver um cliente difícil, por exemplo). Instigue-o a participar da equipe de desenvolvimento de um novo produto ou serviço.

Convide-o para treinar outros profissionais da sua área de atuação, aproveitando sua experiência e seu sucesso.

PERSONALIDADE E OPINIÃO PRÓPRIA

E para personalidade e opinião própria? Faça com que ele apresente seus resultados para algum comitê estratégico da organização. Proporcione a ele a participação em alguma discussão importante e que contribua decisivamente para o resultado da empresa.

LÍDER NATURAL

É preciso também combustível para quem é um líder natural. Dê a ele a liderança de projetos que envolvam diferentes áreas. Permita que ele conduza temas em grupos de trabalho que discutam, por exemplo, mudança de processos.

PROTAGONISMO

Para o protagonismo, parte do combustível já vem com o motor! As pessoas têm duas atitudes diante de uma dificuldade: Colocá-la como algo que veio de fora, ou seja, ninguém tem nada a ver com isso, mesmo que ele esteja sofrendo as consequências; ou enfrentá-la com seus próprios recursos e capacidades, matando a bola no peito e assumindo a responsabilidade pelas ações e pelos resultados. Estamos falando de vítima e protagonista.

A força do papel de vítima aparece desde cedo em nossas vidas. Quem, quando criança, ao quebrar um brinquedo, não disse: "Quebrou". Em vez de: "Quebrei". Veja que, no primeiro caso eu estou atribuindo a culpa a outro (seja quem for, mesmo que inexistente) e também as consequências, ficando isento das responsabilidades.

No segundo caso, eu assumo a responsabilidade por esse ato e suas consequências.

O papel de vítima também tem a ver com o medo de errar. Não posso errar na prova. Não posso perder o jogo. Não posso chegar atrasado. Não posso... Não posso... Não posso... Mas, vou errar, vou perder, vou atrasar. E aí, meu amigo, eu jogo a culpa em alguém ou em algo. Não assumo a responsabilidade de não ter estudado, de não ter jogado bem, de não ter acordado dez minutos mais cedo. Olha a vítima aí! E assim será em grande parte da vida!

O louco também é aquele que assume o comando da vida... E desde cedo!

Não é o CDF da classe, mas se tira nota baixa, fica "louco da vida" e vai estudar mais para a próxima. Quando perde o jogo, chuta tudo que vê pela frente. Não por raiva do resultado, nem do adversário, mas com um sentimento de falha que vai motivá-lo para preparar-se melhor para o próximo. Vai olhar para o erro, não como culpa (passado), mas como lição de aprendizado (futuro).

E, se chega atrasado, reflete sobre as consequências, sobre as perdas dessa ação e pensa em formas para que isso não aconteça mais. Pois é! Olhe para sua vida! Você vive pondo a culpa nos outros? Está sendo vítima! Ou assume o comando da própria vida e escreve sua própria história? Nesse caso, você é protagonista. E só é possível ser louco sendo protagonista!

ETERNAMENTE INSATISFEITO

Aí o cara é louco mesmo! Nunca está satisfeito com as coisas. Por ser protagonista, ele não reclama dos outros. Reclama de si mesmo.

O nível de autocobrança é enorme! Além do que, ele quer sempre mais!

Então, o combustível para o motor desse cara é o desafio! Dê a ele metas muuuuito arrojadas.

Vendas, prazos, orçamento, criação, inovação, estratégias. Seja qual for a meta relacionada às atribuições, estabeleça padrões elevados. Como ele é insatisfeito, quando ocorrer a entrega, diga: "Só isso?". Aí o cara vai ficar mais louco ainda, pois terá a sensação de poder ter entregado algo mais. E ele vai buscar! Como dizia Ayrton Senna: "Quando acho que cheguei ao ponto máximo, descubro que é possível superá-lo." O cara era louco mesmo!

Lembram-se da psicóloga Carol Dweck, que mencionamos no capítulo anterior?

Os comportamentos do louco são aqueles retratados na mentalidade de crescimento. E onde entra a gestão do comportamento? Bem, aí fica um pouco mais fácil! Gerencie bem os combustíveis para o motor do louco e você – seja de RH ou o gestor direto – terá boas chances de ter um "louco comportado".

De novo: Suspenda o julgamento e observe... Só depois tire suas conclusões! Se concluir que há necessidade de conversar com ele sobre comportamento, que tal dar um feedback?

FEEDBACK

Esse é sempre um momento especial. Uma ocasião que proporciona oportunidades de melhoria, seja dando ou recebendo um feedback.

Vamos ver como funciona um bom feedback de comportamento?

Em primeiro lugar, é preciso entender que feedback é um processo de comunicação entre pessoas, portanto é um caminho de mão dupla.

Se você quiser que o feedback seja potente (dando e recebendo) disponha-se a falar com clareza e ouvir com atenção.

Falar com clareza!

Elabore um discurso que combine forma (como) e conteúdo (o quê) para levar o interlocutor ao pleno entendimento do que está sendo dito. Lembre-se de que cada um de nós tem um modelo mental único, que usamos para interpretar a realidade que está à nossa volta. Portanto, é preciso falar com o outro num formato o mais parecido possível com o modelo mental dele.

Quanto ao conteúdo, é recomendável combinar assertividade com emoção. Na medida certa, de acordo com cada situação.

Ouvir com atenção!

Também conhecido como escuta ativa. É preciso usar mais do que o nosso aparelho auditivo! Desde o ambiente físico até a postura corporal, a atenção genuína em ouvir o outro significa disposição e disponibilidade plenas, ainda que eu possa não concordar sobre o que está sendo dito. Suspenda o julgamento, ouça o outro até a última nota, dê uma chance de efetivamente concluir o pensamento que está sendo manifestado.

A natureza do feedback

Ouço muito falar de feedback negativo e feedback positivo. Feedback é sempre positivo! Ainda que o conteúdo seja uma reprimenda, um apontamento sobre a necessidade de correção de comportamentos e/ou de desempenho, ele está sempre a serviço do desenvolvimento do outro.

Se não for assim, não terá sido feedback. No máximo uma bronca.

Tipos de feedback

Assim, temos dois tipos de feedback: de correção e de reforço. Certa vez, ouvi algo que me marcou para sempre: Feedback é um presente!

Feedback é um processo

Muito se fala que o feedback ideal é o "sanduiche". Comece pelos pontos positivos, fale depois sobre os negativos e finalize com algo motivador.

Penso que é um pouco mais complexo do que isso, pois seguir esse modelo pode transformar o processo em um discurso, em vez de um diálogo. Além disso, esse roteiro pode não se aplicar a algumas situações ou, até mesmo, reduzir a potência que se deseja dar ao feedback para causar a mudança do outro.

Um bom processo de feedback começa pelo entendimento de que existem dois papéis nesse diálogo: detentor da ação e detentor da intenção. Se você está dando um feedback, estará no papel de detentor da intenção. Intenção de levar o outro à reflexão de que alguma mudança pode ser necessária.

Quem está recebendo o feedback é o detentor da ação. Seja a ação que gerou o feedback ou a ação que precisa ser adotada para a mudança sinalizada. Sobretudo, é preciso lembrar-se que mudar é uma decisão pessoal.

Feedback de correção

Vamos ao processo de dar um feedback de correção. Lembre-se de falar com clareza. Comece por fatos e dados importantes para transportar o outro para o ambiente no qual a situação ocorreu, diminuindo possíveis ambiguidades e proporcionando mais entendimento.

Fale também sobre as consequências que aquele comportamento ou desempenho causaram para você - se for um líder, aborde as consequências para a equipe, por exemplo. Seja claro ao falar sobre a consequência, uma vez que a ação dele gerou algum desconforto e você tem a intenção de que ele mude algo.

Um erro bastante comum acontece neste momento. Como conduzir um feedback de correção é bastante difícil, você quer amenizar a situação e faz alguma recomendação - não raro, um conselho. Não faça isso, pois irá tirar todo o peso que quer dar ao feedback! Além disso, primeiro ele precisa querer mudar para depois saber o que fazer para mudar. E só ele pode definir as ações.

Como, então, fazer então o fechamento do feedback? Diga ao outro que você gostaria que ele refletisse sobre o que está sendo dito (fatos, dados e, principalmente, consequências). Mostre-se disponível para algum esclarecimento, para um pedido de ajuda ou um conselho. O diálogo pode continuar. Caso o outro esteja reticente, proponha uma nova conversa algum tempo depois para que ele possa refletir.

E quanto ao processo de receber feedback? Lembre-se de ouvir com atenção. Em primeiro lugar, suspenda o julgamento. O outro pode estar errado, na sua percepção, mas o que vale neste momento é a percepção dele. Entenda que esse tipo de feedback é muito difícil e, se o outro se dispôs a fazê-lo, talvez seja porque você é importante para ele.

Mostre-se aberto, disponível, não interrompa, deixe que ele fale até o fim, que exponha fatos, dados, consequências e emoções. Só então você terá todos os elementos para refletir sobre o que está sendo dito. Se tiver alguma dúvida, agora é o momento de esclarecer, mas, por favor, jamais negue ou diga que o outro está errado.

É claro que, por vezes, o outro pode exagerar ou até mesmo distorcer a situação. É possível também que, quando o feedback envolve valores humanos, você entenda que não foi tão grave assim. Pense se você entende a necessidade de mudar, se você efetivamente quer mudar. Pense nas consequências de não mudar e nos benefícios da mudança para esta relação.

Certamente, você não é obrigado a aceitar o feedback (e nem precisa dizer isso), mas é importante que você agradeça pela oportunidade de conversar. Sempre digo que, se fosse oferecida uma única ferramenta de gestão de pessoas e de relacionamentos, eu escolheria o feedback. Pense nisso!

Questões para o RH:

1. Você tem um inventário de pessoas com as caraterísticas citadas?
2. Você considera essas características nos processos seletivos internos e externos?
3. Quais são as situações reais que você já observou na empresa quando essas características apareceram?
4. Como as pessoas se comportaram diante de atitudes relacionadas às características citadas?

3. VALE A PENA SER LOUCO

Imagine a seguinte situação: O CEO de uma importante empresa multinacional tem um novo desafio: Lançar em três meses o produto *Crazy*, que já foi desenvolvido e testado pelas áreas de P&D e Marketing, e fazer com que esse produto esteja com 20% de participação no *market share* de sua categoria até 24 meses após seu lançamento.

Ele sabe que o produto representa uma possível ruptura no mercado de consumo, podendo criar uma demanda ainda não totalmente consciente na cabeça do consumidor. Avalia, junto com o RH, alguns candidatos que parecem ter o perfil ideal para liderar o lançamento desse novo produto para os próximos 30 meses.

Passa pela cabeça do CEO que, se o escolhido fizer o que tem de ser feito, e atingir os resultados esperados, ele/ela poderá ser o próximo diretor de Negócios e Estratégia da companhia, já que o profissional que ocupa o posto atualmente irá se aposentar em dois anos.

Vejamos o diálogo:

CEO: Você já tem a lista dos candidatos internos para liderar o lançamento do produto *Crazy*?

RH: Tenho sim! Inclusive, já estou com a avaliação individual em função do perfil que definimos semanas atrás.

CEO: Ótimo! Então, vamos ver os candidatos! Diga quem são eles.

RH: Temos três boas opções. Jonas, da área de Produtos, que participou intensamente do desenvolvimento. Ivete, da área de Marketing, que fez todo o processo de avaliação mercadológica. E Carlos, do Comercial, que ajudou com as sondagens sobre o produto na rede de distribuição.

CEO: OK! Conheço os três e me parecem bons candidatos. Vamos ver o que você preparou sobre cada um deles. Preciso de dados sobre desempenho, comportamento, potencial e aspirações pessoais. Vamos lá!

RH: Vou começar pelo Jonas. Ele tem 35 anos, é formado em Engenharia Química, pós-graduado em Gestão Empresarial e está na empresa há três anos. Hoje ocupa o cargo de gerente sênior de Produtos e tem uma equipe de cinco pessoas.

Nos últimos dois anos, ele esteve envolvido no desenvolvimento do produto *Crazy*, ocupando parte de seu tempo nesse projeto, entregando suas atividades sempre no prazo e com os recursos definidos. Na sua área de atuação, entrega também as metas individuais e da equipe, superando os resultados e indo além do que é definido.

Ele sabe trabalhar em equipe, é bastante proativo, comprometido e engajado, não poupando esforços adicionais, inclusive com certo sacrifício pessoal, para adequar suas atividades normais com o projeto. Como líder, sua equipe tem dados sinais de que ele é bastante presente, muito participativo e pouco centralizador, dando autonomia e cobrando resultados.

É muito cuidadoso na forma de falar com as pessoas para não gerar um clima negativo. Tem potencial para ser promovido para diretor de Produtos, precisando apenas um pouco mais de desenvolvimento em relação ao pensamento estratégico, pois seu foco tem sido mais operacional.

A participação no desenvolvimento do produto ajudou bastante nesse sentido e uma eventual oportunidade para liderar o lançamento pode contribuir ainda mais para seu crescimento. Com relação às aspirações pessoais, ele tem planos de seguir carreira na empresa e se tornar, um dia, diretor de Produtos.

CEO: De fato, ele tem um perfil bastante interessante... Fale sobre Ivete.

RH: Ivete tem 28 anos, é formada em Engenharia Mecatrônica, com MBAs em Gestão de Pessoas e Marketing. Está na empresa há um ano e meio, ocupando desde a entrada o cargo de gerente de Pesquisa de Mercado, liderando uma equipe de quatro pessoas. Nos últimos seis meses, ela se dedicou ao projeto de forma parcial e, nos últimos três meses, de forma integral, coordenando os estudos finais de pesquisa de mercado para o produto *Crazy*.

Seu desempenho é muito bom, pois além de entregar os resultados individuais e da equipe, vai um pouco além, propondo novas metas e mudanças nos processos e na estrutura da área de Marketing. Isso deixa a diretora da área um pouco preocupada, pois, na avaliação dela, Ivete acaba por invadir o espaço dos outros gestores.

Ela sabe trabalhar em equipe, mas tem uma tendência a ser muito autônoma, fazendo as coisas individualmente e trazendo tudo pronto para ser implementado, ainda que com razões objetivas e argumentos - fatos e dados - sólidos.

A equipe de quatro pessoas diz que ela é alegre, descontraída, carismática, sempre disponível para ajudar o outro, até fora do horário de trabalho, mas é muito assertiva, às vezes parecendo irada ou fora de controle, principalmente quando as coisas não saem do jeito que ela quer.

Não é desrespeitosa, mas demonstra claramente seu desagrado. Ela tem potencial para ir muito além, se conseguir desenvolver mais suas competências emocionais, principalmente o autocontrole. Em recente mapeamento de potencial que o RH realizou, Ivete manifestou a aspiração de ser CEO até os 35 anos, nem que seja em sua própria empresa.

CEO: É... Conheço a Ivete! Outro dia, em uma reunião, ela questionou uma orientação que eu tinha dado ao Marketing. Nem era da área dela... Acho que ela precisa de mais orientação da Rosana e do RH. Vamos ao Carlos.

RH: Carlos tem 32 anos e é formado em Administração de Empresas, com especialização em Gestão de Contratos e MBA em Logística Integrada.

Está conosco há dez anos, iniciando a carreira em nosso programa de trainees e, desde então, é promovido a cada dois anos.

Hoje ele é gerente comercial do interior de São Paulo e lidera uma equipe direta de dez pessoas (seis vendedores e quatro assistentes comerciais), além de 50 distribuidores. Participou do projeto *Crazy* desde a concepção até hoje, dedicando cerca de 70% do seu tempo nestes últimos seis meses do projeto.

Seu desempenho é muito bom. Aumentou a base de clientes e o volume de vendas em mais de 30% nos últimos dois anos, desde que assumiu a região do interior, transformando a regional na segunda mais importante da empresa em volume de vendas, número de clientes ativos e lucratividade.

As metas são consistentemente atingidas e, muitas vezes, superadas. Carlos também é um cara de equipe, muito presente junto a cada um e, periodicamente, reúne o grupo para falar de desempenho individual, da área e da empresa.

Seu jeito de liderar é bastante diretivo, pois acompanha diariamente os objetivos de cada membro da equipe e da área no geral, cobrando resultados constantemente. Isso deixa a equipe sempre em alerta, porém, já tivemos situações de alguns colaboradores reclamando do excesso de pressão. Questionado, Carlos disse que isso é "mimimi". Estamos acompanhando...

A maior ambição do Carlos é ser diretor comercial antes dos 35 anos e, lá pelos 40 anos, ter experiência internacional. Preferencialmente em alguma das nossas operações.

CEO: No ano passado, acompanhei Carlos a uma visita a alguns clientes e ele me parece alguém muito interessante para alavancar rapidamente as vendas do novo produto.

A conversa entre o CEO e o RH continuou para um maior aprofundamento sobre a avaliação dos candidatos, com a apresentação de informações sobre avaliações psicológicas conduzidas pelo RH e alguns depoimentos colhidos dos pares, equipes e gestores dos três profissionais.

Com as informações disponíveis, se você fosse o CEO, quem você escolheria? Por quê? Utilize o link www.performancetotal.com.br/livro para compartilhar sua escolha e comparar com outros leitores e especialistas consultados. Veja também qual foi a decisão do CEO.

Esta é uma situação bastante normal em grandes organizações: Um novo produto ou serviço que pode causar mudança no patamar da empresa no ambiente de negócios. Também é uma oportunidade única para todo profissional. Um desafio que, se bem conduzido, pode alavancar a carreira e torná-lo uma referência na empresa.

Para chegar até essa oportunidade, TODOS os resultados de sua carreira ao longo da trajetória na empresa serão avaliados. E, se você tiver apresentado grande parte das características sobre as quais falamos nos dois primeiros capítulos, certamente será um forte candidato. Se não, sempre é tempo de começar uma mudança pessoal rumo aos bônus de ser um louco! E também ao ônus!

Será que vale a pena ser louco? Mais ainda: Que tipo de louco você é ou gostaria de ser? Vamos tentar te ajudar com base nesses anos todos de convívio com esses caras diferenciados e encapsular, ou melhor, rotular os tipos de loucos mais frequentes.

1. O EXCELENTE

É o cara! Entrega todos os resultados e, constantemente, se supera. É boa praça, mantendo um nível muito legal de relacionamento com seus pares, chefes, equipe e clientes. Pode até ser uma unanimidade!

2. O CONFIANTE

É seguro, firme, tranquilo. Normalmente mostra-se despreocupado com as situações, demonstrando segurança e bom senso na busca e escolha de soluções. Seu nível de autoconfiança, combinada com a confiança nas pessoas ao seu redor e nos processos, parece que torna tudo mais fácil.

3. O RESILIENTE

Às vezes pode parecer confiante demais ou não considerar as dificuldades como obstáculos, mas como desafios. Porém, busca constantemente novas formas de fazer as coisas ou resolver problemas. Sempre equilibra certa dose de resistência, que o ajuda a considerar todas as possibilidades.

4. O PERSISTENTE

Não desiste jamais! Possui um elevado nível de autoconfiança que, aliada à resiliência, faz com que seja perseverante na busca dos objetivos. Ele sabe o momento de desistir daquele caminho, mas procura sempre por alternativas.

5. O DEDICADO

Não poupa seu tempo, inclusive pessoal, quando se trata de atingir os objetivos propostos. É aquele cara com quem você sempre pode contar! Desde as tarefas que compõem sua função, até ajudar os demais membros da equipe.

6. O HONESTO

Ética é a palavra de ordem! Normalmente questiona decisões que podem colocar em risco os valores e a conduta da empresa e a sua própria. É adepto da premissa que "não há jeito certo de fazer a coisa errada".

7. O EMPENHADO

Demonstra grande disposição e afinco para atender os objetivos. Seu esforço constantemente supera as expectativas, ainda que demonstre preocupação com a relação entre recursos necessários e disponíveis.

8. O MOTIVADO

É só alegria! Diante de um problema, reage de uma forma contagiante e busca mobilizar todos à sua volta ou sob sua influência com visões instigantes das formas como podemos atingir as metas.

9. O OUVINTE

Muitas vezes um tanto introspectivo, ele está sempre atento a tudo que todos falam. Pode parecer atrasado, mas está processando as informações no sentido de construir uma síntese dos pensamentos para obter algo diferente.

10. O CARISMÁTICO

É um líder natural! Sua habilidade de comunicação, combinada com um talento natural para conquistar as pessoas, fazem dele uma referência para os demais, sempre tido como exemplo a ser seguido.

11. O PACIENTE

Tem uma visão de longo prazo - mesmo dentro do curto prazo - quando a solução exige rapidez. Procura esperar ter mais elementos que permitam uma decisão mais apurada. Às vezes pode parecer atrasado, mas não se iluda: A solução será consistente.

12. O TRANSPARENTE

Fala tudo o que pensa. Pode ser mal interpretado, mas todos sabem exatamente o que se passa em sua cabeça. Na versão positiva, usa fatos e dados para dar clareza às suas posições.

13. O MARAVILHOSO

Sua luz ilumina a sala de reuniões quando ele entra. Os cumprimentos são efusivos e, normalmente, ele se coloca como personagem central do conto de fadas que parece ser o negócio! Se associado a outras características, ele pode ser uma energia incrível para qualquer equipe.

14. O CRIATIVO

Sempre com ideias diferentes e uma nova forma de ver o mundo e seus desafios. Normalmente pode ser o vetor da criação de novas soluções para problemas antigos ou novos. Combinado com certa dose de pragmatismo, temos um talento para um mundo disruptivo.

15. O DINÂMICO

Agilidade é a palavra de ordem. Se algo pode ser feito em dez dias, deverá ser feito em cinco dias. Não perde tempo com muitas divagações e parte rapidamente para as soluções, distribuindo atividades e reponsabilidades.

16. O PROATIVO

É um digno representante do trabalho em equipe. Além de executar suas tarefas e responsabilidades com esmero, ainda dispõe parte do seu tempo para ajudar outros, desde que suas competências permitam. É uma fonte constante de recursos.

17. O DILIGENTE

Sempre muito atento, o diligente não transige com metas e responsabilidades. É sempre muito cuidadoso no planejamento dos recursos e nas ações de execução, cuidando para que a relação entre previsto e realizado esteja próxima – preferencialmente, que o realizado esteja em nível superior.

18. O COMPROMETIDO

Está sempre disposto a abrir mão de parte do que é seu para entregar o resultado. Essa vontade genuína de ir além pode implicar em sacrifícios pessoais de curto, médio e longo prazo, mas ele olha o todo e não se importa com isso. É um protagonista nato!

19. O ENVOLVIDO

Está presente e disponível para tomar parte na ação, embora tenha preocupações pessoais mais presentes que, por vezes, se sobrepõem aos interesses do grupo. Prefere ser coadjuvante!

Para diferenciar comprometidos de envolvidos, podemos usar a clássica parábola corporativa do Bife a Cavalo", prato com filé e ovo frito por cima. O boi está definitivamente comprometido, pois deu sua vida para a execução da obra, enquanto a galinha está apenas envolvida com o prato, pois dedica a ele apenas o ovo.

20. O POSITIVO

Todos gostam de estar com ele, sobretudo nos momentos mais difíceis! Lida muito bem com situações negativas e apoia as melhores sugestões, vendo sempre o lado positivo e as possibilidades de sucesso. É bom trabalhar com ele... Tudo vai dar certo!

21. O PONTUAL

Seu comportamento de ordem é cumprir prazos. Desde situações corriqueiras, como chegar no horário para uma reunião, até atender prazos definidos para entregar resultados. Quando alia prazo cumprido com resultado atingido, vira referência para toda a equipe.

22. O ESFORÇADO

Seus resultados podem ser excelentes, mas a energia dispendida para chegar lá quase sempre deixa o esforçado próximo do limite. Normalmente, é também proativo e motivado. Se souber reconhecer limites, será sempre importante para os resultados.

23. O CORAJOSO

Não tem medo de errar, nem de entrar numa batalha. Ainda que possa não ter noção clara dos riscos, ele mobiliza a todos e mostra clareza de propósito para atingir os resultados.

24. O ESPECIAL

É aquele cara diferente! Às vezes, é difícil definir no que ele é especial. É quase extraordinário, mesmo que ainda não tenhamos certeza das razões de sua excepcionalidade. Faça testes sobre capacidade e consistência de resultados.

25. O FOCADO

Estabelece um objetivo e vai pra cima! Normalmente não esmorece, tendo características também do persistente e do perseverante. Não poupa esforços. Pode trabalhar em equipe e/ou sozinho, desde que seu objetivo esteja sempre guiando suas ações.

26. O ENÉRGICO

Normalmente é bastante duro e incisivo nas orientações e na cobrança de resultados. Não prima pela cortesia e pela percepção positiva por parte de colegas e subordinados. Certamente é assertivo, mas em excesso, será visto como mal educado.

27. O HÁBIL

É um negociador! Sabe conciliar diversos e/ou mútuos interesses, levando as partes a entender que o acordo foi o melhor possível e que todos ganharam. Como bom ouvinte que é, consegue transformar conflitos em avanços nas relações.

28. O EXTRAORDINÁRIO

Uma verdadeira "mosca branca". É raro, excepcional, notável! Ou seja: Olho nele! Seus resultados são consistentemente acima do esperado. Suas competências, notadamente as comportamentais, destacam-se pela evolução positiva e constante. Sua preocupação com o autodesenvolvimento é fator crítico de sucesso em sua carreira. É protagonista sempre!

29. O COMPETENTE

Consegue reunir o trinômio CHA (conhecimentos, habilidades e atitudes) num excelente nível para a entrega de resultados. Busca sempre o desenvolvimento desses elementos, para a melhoria da performance, com maior ênfase e atenção nas atitudes e comportamentos.

30. O VENCEDOR

Seu histórico de sucesso lhe dá um elevado nível de autoconfiança e autopercepção positiva, que permitem coragem para arriscar, capacidade de realizar e atitude de persistir. Seu exemplo é normalmente fator de motivação para a equipe.

31. O GLADIADOR

É um seguidor incondicional dos objetivos propostos. Não importa muito quem sejam os adversários do jogo ou quais são as armas disponíveis. Lida bem com táticas, realizando as operações conforme foi orientado. Pode se conformar com derrotas, desde que o todo saia vencedor.

32. O GUERREIRO

Normalmente segue as regras do jogo. Mas, em situações adversas, cria e altera as táticas, elaborando novas estratégias e mudando o curso com novas ações, sempre voltadas para atingir os resultados. Se necessário, faz sua própria batalha, com foco no valor da guerra.

33. O CONSULTOR

Sempre tem uma resposta para um problema. Pela sua visão sistêmica, combina análises qualitativas com quantitativas, orientando para a melhor solução. Só precisa de um bom parceiro de execução.

34. O PIT BULL

Força de trabalho, força de vontade, disciplina, foco, paixão e capacidade de aprender. Assim é um pit bull.

Ao contrário do que pensam, é dócil com os seres humanos, mas implacável com suas metas. Vai até o fim e não mede esforços.

Questões para o RH:

1. Nos processos seletivos, você realmente considera os três elementos da competência (conhecimento, habilidade e atitude)?

2. Qual a importância da atitude na decisão de contratação ou promoção, considerando que esse elemento da competência é difícil de ser ensinado?

3. A área de RH está de fato ocupada em desenvolver os gestores para dar o combustível certo aos colaboradores, aproveitando aquilo que eles têm de melhor em relação às atitudes?

4. Os líderes estão de fato preparados para dar e receber feedback? Ou é mais um discurso da cultura do que um fato?

4. RESPONSA- BILIDADE OU ATITUDE?

Os personagens do capítulo anterior são muito bons! Mas, o que será que foi mais importante para definir o escolhido? Pela breve descrição, todos eles cumprem suas responsabilidades com total atenção e compromisso.

Responsabilidade tem a ver com atividades e resultados definidos para o cargo.

Fazer bem feito o que precisa ser feito. Isso é básico. Já atitude vai um pouco além. É gostar do que tem que ser feito. E gostar do que precisa ser feito nem sempre está entre nossas preferências.

Os loucos adoram fazer o que precisa ser feito! Demonstram entusiasmo em superar as dificuldades, ainda que pessoais. Buscam intensamente novas formas de resolver velhos problemas. Inovam constantemente e são absolutamente inconformados com a manutenção do *status quo*.

Veja o exemplo do atleta norte-americano Dick Fosbury. O ano era 1968, nos Jogos Olímpicos do México. A modalidade era salto em altura. Desde meados do século 19, quando se tem notícias das primeiras competições desse esporte na Escócia, a forma de realizar o salto era pular de frente para o obstáculo, com variações na forma com as pernas eram dobradas para alavancar o salto e superar o obstáculo na altura proposta.

Naquele ano, Fosbury apareceu com uma novidade: Saltar de costas para o obstáculo. Podemos imaginar os comentários sobre a cena, da primeira vez que ele fez isso: "O cara é louco! Como assim? É muito mais difícil!". O fato é que ele ganhou a medalha de ouro e estabeleceu um novo recorde olímpico ao saltar 2,24 metros.

Além disso, definiu uma nova maneira de realizar o salto. Dos 36 medalhistas olímpicos de 1972 até 2000, 34 utilizaram o Salto Fosbury que é hoje a técnica mais popular. De louco a gênio!

E que tal outro exemplo? Elon Musk. Mais conhecido por ser o fundador da Tesla, fabricante dos carros elétricos mais cobiçados do mundo. Vamos falar de outra iniciativa dele? Space X, uma das empresas de Musk, fundada em 2002, com o objetivo de prestar serviços de transportes espaciais.

A sacada: Reaproveitar os foguetes utilizados no lançamento, fazendo-os voltar para a Terra e pousar em lugar pré-determinado, como um avião, reduzindo dramaticamente os custos das viagens espaciais. Veja, estamos falando de foguetes, não de naves! Parece loucura?

Em 2006, a primeira experiência falhou. Em 2007, foram

mais duas tentativas e... Não deram certo. A empresa quase quebrou. Está certo que ele tem muito dinheiro, mas tudo tem limites! Em 2008 veio o sucesso. A NASA investiu mais de 1.6 bilhão de dólares no projeto para substituir o programa dos ônibus espaciais.

Em 2011, Musk tentou pela primeira vez o lançamento de um foguete reaproveitável... Falhou... De novo! Em 2015, fez um novo lançamento de foguete reaproveitável. Sucesso! O foguete pousou num local pré-determinado em terra. Em 2017, o foguete retornou fazendo um pouso perfeito no oceano.

Musk, certamente um louco, concretizou. Além do dinheiro e da competência, ele teve atitude. Atitude de persistir, insistir, arriscar, acreditar. Em 2018, Musk fez um novo lançamento. Desta vez com destino a Marte, levando um carro da Tesla. É o primeiro experimento para a nova loucura dele: Construir uma colônia em Marte! Você duvida?

Certamente você já ouviu falar de Roger Federer, independentemente de gostar e/ou praticar tênis! E por que todo mundo já ouvir falar dele? Porque ele é um cara diferente e que entrega resultados surpreendentes? Vamos conhecer um pouco mais da história recente do tenista.

No início da temporada de 2016, com 34 anos, Federer passou por uma cirurgia no joelho e ficou afastado das quadras por 60 dias. Ao voltar, ainda como terceiro no ranking da ATP, acabou por não ter um ano muito bom. Fez mais uma parada de seis meses para recuperação física, que fez com que despencasse no ranking, figurando como 17º do mundo ao final da temporada. Muito ruim para o maior vencedor de Grand Slams da história do tênis, com 17 títulos. Até essa data...

Mas ele voltou! Aos 35 anos, iniciou a temporada de 2017 vencendo de cara o Aberto da Austrália, um dos quatro

Grand Slams (os outros são Wimbledon, Aberto dos EUA e Roland Garros), pulando para 10º lugar. Na sequência ganhou mais dois importantes títulos, chegando ao quarto lugar e, numa decisão considerada loucura para muitos, anunciou que só iria voltar a jogar em Roland Garros, principal torneio em piso de saibro.

Na verdade, a decisão foi fundamental para preservar sua saúde física e mental e permitir que continuasse jogando em alto nível. Algumas mudanças no comportamento e no jogo de Federer dão a pista para um retorno tão exuberante:

- Felicidade em quadra;
- Posicionamento mais agressivo;
- Aprimoramento do *backhand* (batida de esquerda);
- Preparo físico melhor do que dez anos atrás.

Os números também comprovam a evolução desse fantástico esportista após o seu retorno, numa análise de 20 partidas:

- Média de 10,3 *aces* (ponto de saque, quando o adversário não alcança a bola) por jogo; contra 7,7 na carreira.
- Venceu 91% dos *games* que sacou; contra 89% na carreira.
- Venceu 79% dos pontos no primeiro serviço; contra 77% na carreira.
- Salvou 68% dos *break points* (vantagem do adversário quando você saca); contra 67% na carreira.

Bom, isso são números. Assista Federer jogando e compare com outros jogadores. Parece que eles fazem sempre mais do mesmo, ainda que com muita efetividade. Federer joga solto, alternando golpes de fundo de quadra com voleios fantásticos!

Saca com tamanha precisão, o que nos faz sentir que aquele movimento (o mais complexo do tênis) é absolutamente natural, com pouco esforço. Parece sempre que nada o abala, que ele joga com prazer, que domina o momento e faz tudo com muita simplicidade.

No início de 2018, Federer fez o que poucos acreditavam:

- Ganhou seu 20º Grand Slam (Austrália em janeiro);
- Em fevereiro, após chegar às semifinais do ATP 500 de Rotterdam, voltou a ser o número um do mundo. E ainda levou o título!

Aos 36 anos! Mais um recorde na carreira desse louco! E o cara diz que vai jogar até os 40 anos. O que mais que vem por aí?

O que você acha de um cara que se destacou como cientista, matemático, engenheiro, inventor, anatomista, pintor, escultor, arquiteto, botânico, químico, geólogo, físico, mecânico, produtor de teatro, poeta e músico e ainda é conhecido como o precursor da aviação e da balística?

De certo dá para imaginar que ele viveu mais de 100 anos, além de ter lido milhares de livros e feito centenas de cursos e viajado o mundo todo!

De fato: Ele leu dezenas de livros; não há evidências que tenha feito cursos, a não ser a formação em um ateliê de pintura; viveu apenas 67 anos; e só conheceu dois países (Itália e França).

Quer mais? Esse cara nasceu em 15 de abril de 1452 (século 15) e morreu em 2 de maio de 1519 (século 16), portanto, viveu há mais de 560 anos. E não havia internet nessa época! Estamos falando de Leonardo da Vinci.

É certo que ele era um tanto procrastinador, muitas vezes começava trabalhos, mas não os concluía. Algumas obras ele produziu por encomenda, mas não entregou para o cliente (a "Mona Lisa", por exemplo).

Era também um sonhador. Há evidências de que muitos de seus projetos ficaram apenas no papel e não tinham muito efeito prático, pelo menos naquela época.

Porém, alguns desses projetos estavam muito à frente de seu tempo, como um protótipo de helicóptero, um tanque de guerra, o uso da energia solar, uma calculadora, entre outros.

A forma como ele lidava com os materiais para a produção de pinturas e o refinamento de técnicas com a perspectiva e o "sfumato" (técnica artística usada para gerar suaves gradientes entre as tonalidades), revolucionou a pintura no Renascentismo.

Você sabia que eles também eram loucos?

Maomé

- O cara: 571 – 632. Considerado o último dos profetas - depois de Jesus, Moisés, Davi, Jacó, Isaac, Ismael e Abraão -, nascido em Meca.

- A loucura: Não rejeitar completamente o judaísmo e o cristianismo (religiões monoteístas), mas propor a sua proteção, restaurando os ensinamentos originais dessas religiões, sob os desígnios de Deus, que tinham sido corrompidos e/ou esquecidos.

- O legado: As bases do Islamismo, religião humanitária que propõe uma sociedade igualitária e aberta ao diálogo, além de, no campo das ciências, as bases da matemática que conhecemos hoje.

Isaac Newton

- O cara: 1643 – 1727. Astrônomo, alquimista, filósofo natural, teólogo, cientista físico e matemático, nascido na Inglaterra.

- A loucura: A Lei da Gravitação Universal (aquela da maçã que cai "para baixo") e as três leis de Newton (inércia, dinâmica e ação/reação).

- O legado: A Lei da Gravitação Universal modelou matematicamente o movimento dos planetas, permitindo o lançamento de foguetes e as viagens espaciais de hoje.

Cristovão Colombo

- O cara: 1451 – 1506. Navegador e explorador italiano.

- A loucura: Se os portugueses navegavam grandes distâncias ao sul para chegar às Índias, poderia fazer o mesmo para oeste e chegar ao mesmo destino. Ele se fundamentava no fato da Terra ser esférica, conforme leituras de Aristóteles, Estrabão e Plínio, além de outras provas de terra a oeste do Oceano Atlântico (note que não tínhamos Google Earth nem Waze naquela época).

- O legado: A descoberta do continente americano.

Albert Einstein

- O cara: 1879 – 1955. Físico teórico alemão de origem judaica, com nacionalidade suíça e norte-americana.

- A loucura: $E=mc^2$ (equivalência massa energia, a equação mais famosa do mundo). Teoria da

Relatividade Geral - para modelar a estrutura do universo como um todo - um dos pilares da Física moderna ao lado da Mecânica Quântica.

- O legado: Em 1999, a revista Time publicou a compilação "Time 100: *The Most Important People of the Century*" (As pessoas mais importantes do Século), no qual classificava as mais influentes do século 20. Einstein ficou em primeiro lugar, acrescentando que "foi o cientista preeminente em um século dominado pela ciência. As pedras fundamentais da época — a bomba, o Big Bang, Física Quântica e eletrônicos —trazem sua marca".

Santos Dumont

- O cara: 1873 - 1932. Aeronauta, esportista e inventor brasileiro.

- A loucura: Voar com um equipamento dirigível mais pesado do que o ar, de forma controlada e em situações adversas.

- O legado: Ser o primeiro homem a elevar-se no ar por seus próprios meios, sem balão e em público. Para muitos, é o "pai da aviação".

Genghis Kahn

- O cara: 1162 - 1227. Mongol, foi um estrategista brilhante, com hábeis arqueiros montados à sua disposição, venceu a Grande Muralha da China conquistou aquele país e estendeu seu império em direção ao oeste e ao sul.

- A loucura: Conquistar países e territórios, dominando quase 20 milhões de quilômetros quadrados (o equivalente a 2,3 vezes o território brasileiro).

- O legado: Expandiu o território mongol da Síria à Indochina, da Pérsia (atual Irã) à Sibéria, da Hungria à China. Até hoje, Gengis Khan é considerado o pai da Mongólia e estima-se que 8% da região anteriormente ocupada pelo Império Mongol, uma área entre o Oceano Pacífico e o Mar Cáspio (que corresponde a 0,5% da população mundial), podem ser descendentes de Gengis Khan. Outro estudo afirma que 34,8% dos atuais mongóis são seus descendentes.

Alexandre, O Grande

- O cara: 356 a.C - 323 a.C. Também conhecido por Alexandre Magno, foi rei (Basileu) do reino grego antigo da Macedônia e um membro da dinastia Argéada. Foi instruído pelo filósofo grego Aristóteles.

- A loucura: Até os 30 anos já havia criado um dos maiores impérios do mundo antigo, que se estendia da Grécia para o Egito e ao noroeste da Índia. Morreu invicto em batalhas e é considerado um dos comandantes militares mais bem sucedidos da História.

- O legado: Difusão da cultura grega no mundo antigo, a partir de suas conquistas, resultando em uma nova civilização helenística. Fundou cerca de 20 cidades que levavam o seu nome (Alexandria, no Egito, por exemplo). Academias militares em todo o mundo ainda ensinam suas táticas. É considerado por muitos uma das pessoas mais influentes de todos os tempos.

Marco Polo

- O cara: 1254 - 1324. Foi mercador, embaixador e explorador veneziano, cujas aventuras estão registradas em "As Viagens de Marco Polo", um livro que descreve para os europeus as maravilhas da China, da capital Pequim e outras cidades de países da Ásia.

- A loucura: Empreendeu uma viagem para o Oriente - junto com seu pai e seu tio – onde viveu na corte do imperador mongol Kublai Kahn. A aventura durou 24 anos (de 1271 a 1295), tendo percorrido mais de 24 mil quilômetros.

- O legado: Inspirou vários exploradores a fazerem viagens ao Oriente posteriormente. Suas viagens também contribuíram decisivamente para o desenvolvimento da cartografia da época.

Napoleão Bonaparte

- O cara: 1769 – 1821. Foi imperador dos franceses de maio de 1804 a abril de 1814.

- A loucura: Ampliar a extensão do Império Francês, tendo ocupado quase toda a Europa Ocidental e grande parte da Oriental, com mais de 50 milhões de habitantes, quase um terço da população europeia da época.

- O legado: Sua reforma legal, o Código Napoleônico, teve uma grande influência na legislação de vários países. Através das guerras napoleônicas, ele foi responsável por estabelecer a hegemonia francesa sobre maior parte da Europa.

Martin Luther King

- O cara: 1929 – 1968. Um dos mais importantes líderes do movimento dos direitos civis dos negros nos Estados Unidos e no mundo, com uma campanha de não violência e de amor ao próximo. Prêmio Nobel da Paz de 1964.

- A loucura: Todos os seres humanos são iguais e têm os mesmos direitos e deveres, independente da raça, cor ou crença. *"Tenho um sonho de que meus quatro filhos viverão um dia em uma nação onde não serão julgados pela cor de sua pele, mas pelo teor de seu caráter."*

- O legado: Diversas conquistas de direitos para o movimento negro; protestos sem violência; luta contra o preconceito; busca de justiça e igualdade.

Nelson Mandela

- O cara: 1918 – 2013. Advogado, líder rebelde e presidente da África do Sul de 1994 a 1999. Prêmio Nobel da Paz de 1993.

- A loucura: Depois de 27 anos na prisão, liderou a refundação da África do Sul, acabando com o apartheid, sem guerras nem vingança contra aqueles que constituíram o regime de exceção racial no país.

- O legado: Luta pela paz mundial e pela união entre os povos. Visões muito claras sobre liberdade, respeito, dignidade humana, igualdade, direito de viver a própria vida e se tornar a pessoa que cada um de nós gostaria de ser.

Madre Teresa de Calcutá

- A santa: 1910 – 1977. Religiosa católica de etnia albanesa, naturalizada indiana e fundadora da Congregação das Missionárias da Caridade. Prêmio Nobel da Paz de 1979.

- A loucura: "Não usemos bombas nem armas para conquistar o mundo. Usemos o amor e a compaixão. A paz começa com um sorriso". Frase atribuída a ela.

- O legado: Em 2015, a congregação fundada por ela contava com mais de 5 mil membros em 139 países.

Steve Jobs

- O cara: 1955 – 2011. Cofundador da Apple.

- A loucura: Tornar a tecnologia acessível e fácil de usar por qualquer mortal e atingir o maior público possível. Em vez de segmentos de mercado, Jobs via o mundo como seus possíveis clientes.

- O legado: Revolucionou seis indústrias: computadores pessoais, filmes de animação, música, telefones, tablets e publicações digitais.

Fazer diferente e deixar legado são coisas de louco! Não se prender a paradigmas. Questionar a forma como as coisas são feitas e, até mesmo, o porquê de fazermos as coisas. Não se contentar e/ou se conformar com o mais do mesmo. Ser um crítico das responsabilidades e das atividades, pois nelas mora a rotina, que embota o pensamento crítico e o raciocínio estratégico.

Claro que não se trata de desconsiderar a importância das responsabilidades e atividades, mas sim de também permitir que as atitudes dirijam sua carreira, seu sucesso e sua vida. As atitudes têm a ver com o seu propósito, com sua razão de ser e sua missão pessoal de vida.

Como eu posso ter atitudes de louco? Volte lá no capítulo 1, onde falamos do CHA. Duas lições:

1. Conhecimento e habilidade para cumprir responsabilidades são coisas muito fáceis de adquirir. Faça um curso, leia um livro, acompanhe alguém muito competente executando uma tarefa. Pronto! Você já é competente! Será? E a atitude? Você acha que dá para copiar?

2. Atitude, o terceiro componente do CHA, tem mais a ver com as características descritas no capítulo 2: Inquieto, de personalidade, com opinião própria, líder natural, protagonista, eternamente insatisfeito.

Essas características são os motores das atitudes que precisam ser constantemente abastecidos com combustíveis da motivação.

Lembre-se: As responsabilidades e atividades que necessitam de conhecimentos e habilidades para serem bem feitas, podem ser delegadas (se você for um líder) ou compartilhadas com alguém da sua equipe.

O que não dá para delegar ou compartilhar é a atitude! Ela depende só de você. Depende da intensidade com que os seguintes verbos estão presentes na sua vida: Melhorar, inovar, criar, mudar, romper, questionar, perguntar, arriscar, construir, criticar, pensar, fazer, agir... Estes são alguns dos verbos que traduzem as atitudes do louco em ação para resultados. E resultados diferenciados!

E você? Diga uma atitude que você adotou nos últimos três meses na qual usou qualquer um desses verbos. Qual foi o resultado? Como as pessoas ao seu redor encararam a proposta? Como você reagiu ao novo, ao diferente, ao inédito? Pensou que estava louco? Já é um bom começo!

Questões para o RH:

1. No sistema de gestão do desempenho, quais são os pesos atribuídos a conhecimento, habilidade, atitude e resultado?

2. A cultura da empresa está aberta para pessoas com atitudes de louco?

3. O que a empresa valoriza mais: O cara questionador e que entrega 120% do resultado; ou o cara que concorda com tudo e que entrega, de vez em quando, 100%?

4. Qual a estratégia do RH para atrair cada vez mais loucos?

5. PRONTO PARA A JORNADA?

De herói e louco todo mundo tem um pouco!

Cristiano é um jovem executivo de muito sucesso. Iniciou sua carreira aos 21 anos, como trainee, logo após ter se formado em Engenharia de Produção numa das mais destacadas universidades do Brasil. Aos 33 anos, ocupa a vice-presidência de Operações de uma importante empresa multinacional do setor de máquinas e equipamentos para infraestrutura, com presença em mais de 20 países.

Cristiano está sendo preparado para comandar uma das filiais fora do Brasil, como parte do plano de carreira para ocupar posições de liderança em outras operações mais importantes da empresa. No atual cargo, Cristiano está consolidado. Domina como ninguém o negócio em todas as suas dimensões (estratégia, produtividade, lucratividade, crescimento) e seus resultados têm sido sempre acima do esperado.

Isso às vezes o preocupa um pouco. Ainda que saiba que está sendo preparado para outros desafios, ele acha que as coisas estão demorando a acontecer. Também considera que o mercado no qual a empresa atua - embora seja muito importante para o desenvolvimento econômico e social dos países onde ela está presente - não apresenta tantos desafios de inovação e ruptura, como outros setores, sobretudo os mais ligados à economia digital.

Ele tem estudado muito os negócios e empresas da quarta revolução industrial e entende que o modelo de sua empresa atual ainda está no século 20. Na vida pessoal, ele está super feliz! O pequeno Pedro está completando quatro anos e é um dos motivos que o faz voltar para casa no final do dia para, ao lado da Vera, curtirem juntos as brincadeiras e os intermináveis vídeos da "Galinha Pintadinha!". Os dois já estão planejando um irmão (ou irmã) para o próximo ano! Pedrinho até já perguntou sobre como é ter um irmão para brincar.

Eles estão se preparando para uma viagem de férias para Portugal no próximo verão europeu, onde Cris pretende rever parentes e reencontrar suas origens. Serão 20 dias intensos, agora com o Pedro mais crescido, que vai aproveitar para conhecer os primos lusitanos.

Equilibrar o lado pessoal e o profissional é uma das maiores preocupações do Cristiano. Ele não abre mão dos finais de semana dedicados à família e de jogar tênis nas manhãs de domingo.

Para refletir: O mundo comum

Pense no contexto e a na base onde você vive. O cotidiano e a rotina. Esse contexto é fundamentado em conhecimentos consolidados e em padrões estabelecidos.

É natural que você esteja acostumado a utilizar os mesmos métodos para coisas diferentes. Mas, os desejos pelo novo já estão presentes, com diferentes graus de intensidade. Você começa a pensar em novos desafios, pessoais e profissionais.

Caro leitor, aproveite a aventura do Cristiano e escreva a sua própria história neste momento. Comece descrevendo seu mundo comum.

São 10h35 e Cristiano está em uma reunião com sua equipe, analisando os resultados da sua área até este momento e se preparando para tomar decisões importantes para a manutenção dos resultados que são esperados pela organização. O smartphone indica uma nova mensagem pelo WhatsApp... Ele olha de relance para o início da mensagem e percebe que o contato é de um *headhunter* que ele conhece.

Engraçado... O coração dá uma leve acelerada e Cristiano perde um pouco a concentração na apresentação que está sendo feita sobre um novo contrato, cuja produção está se iniciando. Ele pede que a apresentação seja interrompida por alguns momentos, pois ele precisa "ir ao banheiro".

Sai da sala e, ainda no corredor, lê a mensagem:

"Cristiano, bom dia! Gostaria de falar com você assim que possível, pois tenho um assunto que pode ser de seu interesse. Aguardo retorno". Contato do Jota, da High Executive Search. Eles não são exatamente amigos, portanto, só pode ser algum assunto profissional. Cristiano responde que fará contato telefônico o quanto antes.

Nas próximas duas horas, tempo que levou para a reunião ser concluída, Cristiano só pensava na mensagem do Jota. Voltando para sua sala, ele liga para o *headhunter*.

- Olá Jota, é o Cristiano. Faz tempo que não falamos! Tudo bem com você?

- Oi Cristiano! Comigo está tudo legal. De fato, a última vez que falamos foi no ano passado, quando te falei sobre aquela oportunidade em uma empresa de comunicação, que não avançamos. E você? Como está por aí?

- Cara, grandes desafios! Continuamos crescendo, apesar da crise. Novos contratos que demandam muita atenção e energia por aqui.

- Que bom ouvir isso! Parece um pouco diferente do que estamos vendo no geral. Mas, e você, particularmente, como está se sentindo nesse momento profissional?

- Olha só, Jota, aqui os desafios são grandes e estou sendo preparado para assumir uma operação no exterior, um pouco menor do que a do Brasil. Faz parte do plano de carreira que a empresa está desenhando para mim. Enfim, acho que tenho uma boa perspectiva por aqui...

- Muito bom Cristiano! Mas, se você me permite fazer um comentário, não senti muito entusiasmo na sua fala... Ou é impressão minha?

- Pô, Jota! Você continua com uma baita sensibilidade para pessoas. Admiro muito isso em você! É... Apesar dos desafios atuais e da boa perspectiva de carreira, tenho pensado muito nos últimos dias sobre esses novos mercados que estão surgindo por aí... Startups, economia digital, *disruption*... Enfim, coisas diferentes de produzir equipamentos para construir estradas. Sei que nossa empresa tem um papel importante nesse mercado, mas...

- Então acho que fiz o contato com você no momento certo! Vou te falar rapidamente de uma posição que estou trabalhando na identificação de profissionais. Trata-se de uma FinTech. Uma startup do mercado financeiro, com um aporte de R$ 1 bilhão para o início das atividades. O negócio faz parte das iniciativas de um fundo de investimento que identificou a oportunidade e escolheu essa startup. Uma das condições iniciais básicas para o investimento é a contratação de um CEO, cujo perfil me pareceu muito alinhado com você, com sua experiência, formação, estilo, resultados e visão de futuro. Aquelas coisas que conversamos no ano passado. O que lhe parece?

- Obrigado por ter se lembrado de mim! A ideia me parece interessante! Tenho acompanhado esse movimento grande no mercado financeiro com as FinTechs, que estão abalando as estruturas de um setor tão tradicional e na mão de grandes bancos. Gostaria de conhecer melhor o projeto. Como fazemos?

- É só marcar! Mas tem que ser rápido, pois os caras estão com pressa. Diga o melhor dia e horário e vamos nos encontrar pessoalmente.

- Que tal amanhã, no final da tarde, lá pelas 18h30, em seu escritório?

- Perfeito! Espero você por aqui. Até lá!

- Até lá!

Parece que o universo conspira a favor, pensou Cristiano! Eu pensando tanto em mudanças, novos desafios, coisas diferentes e agora me aparece o Jota com essa oportunidade. Ele manda uma mensagem para a Vera: "Tenho uma novidade para te contar logo mais à noite! Beijos".

Com Pedrinho no colo, ele conta sobre a conversa com o Jota. Vera, que sempre apoiou muito o marido em sua trajetória profissional, notou uma excitação diferente, ouviu com atenção e ao final apenas comentou: "Não se esqueça da nossa viagem para Portugal!".

Para você refletir: Chamado à aventura

De repente, surge um desafio e sementes de possibilidades são lançadas. Provoca-se uma descoberta de que pode haver um mundo diferente, cheio de novas alternativas. Uma aventura nova para se viver e que pode agir como uma tentação – num primeiro momento. Apresenta-se um convite para sair do conforto diário e uma mensagem ou um mensageiro chega com a notícia de que chegou a hora de mudar.

Qual a aventura que você está sendo convidado a viver?

E lá foi o Cristiano ao encontro do Jota nos escritórios da High Executive Search. As instalações eram modernas e de muito bom gosto! Cris ficou confortavelmente instalado numa sala com duas poltronas, uma mesa de centro, uma TV de LED passando um filme institucional da consultoria.

Jota entrou e, depois de um bate-papo informal sobre família, crianças, futebol e política, ele foi direto ao ponto.

- Basicamente, a proposta que tenho para te apresentar é a seguinte: A FinCrazy é uma startup criada numa aceleradora de negócios digitais. Foi criada por três jovens na faixa de 25 anos, sendo um engenheiro de software com especialização em Inteligência Artificial, um economista com rápida passagem pela área de produtos de um grande banco nacional e um engenheiro mecatrônico, com experiência no desenvolvimento de soluções para Internet das Coisas (IoT) e MBA em Marketing & Digital Business.

- A FinCrazy é 100% digital, sem agências físicas, com uma plataforma tecnológica extremamente avançada. Irá iniciar as atividades oferecendo aos clientes dois produtos: Cartão de Crédito e linhas de Financiamento para pequenas e médias empresas (PMEs).

- A FinCrazy está recebendo um aporte de R$ 1 bilhão, de um fundo de investimento, que como condição básica, exige a contratação de um CEO para comandar a operação, tendo como subordinados diretos os três criadores do negócio, que irão responder por áreas específicas de acordo com suas formações e experiências.

- Caberá ao CEO conduzir essa estruturação inicial, incluindo a montagem das equipes para a operação e a definição das estratégias de negócio, a partir de modelo e plano já definidos.

- Tudo certo até aqui? Alguma questão que você gostaria de colocar?

Jota estava fazendo uma pequena pausa de "suspense", antes de falar sobre as condições financeiras da proposta.

- Para mim, por enquanto, está tranquilo, Jota!

- Ok, vamos seguir...

- A remuneração do CEO é composta por salário fixo, bônus anuais e incentivos de longo prazo, podendo chegar a R$ 1,3 milhão/ano, nos primeiros três anos. Após esse período os valores serão revisados, com grande possibilidade de serem expandidos.

- O início precisa ser rápido, em no máximo 30 dias após o fechamento da contratação.

- O fundo controlador é conhecido pela agressividade nos investimentos, foco em meritocracia, sucesso nas escolhas de outras startups e pela baixa tolerância em relação a metas não atingidas.

Após essas informações, Cristiano fez algumas perguntas sobre a origem do fundo, alguma referência sobre seus controladores e também quis saber um pouco mais sobre os três criadores do negócio.

Jota respondeu prontamente aos questionamentos, com as informações disponíveis que possuía. Ao final, Cris perguntou:

- Jota, me diga: Por que você indicou meu nome?

- Para essa posição, precisamos de um misto de um profissional jovem, da mesma geração dos criadores, com um pouco mais de "cancha" e que tenha experiência em gestão em ambientes mais controlados, pois estabilizar o negócio em termos de atingimento das metas do projeto é condição para a manutenção do futuro... E no médio prazo!

- Que tenha foco total em resultados, competência para lidar com egos e que fale a mesma língua dos criadores! Que seja resiliente para aceitar conviver com um "mundo VUCA", no qual a volatilidade, a incerteza, a complexidade e a ambiguidade não coloquem as pessoas e o negócio no caos incontrolável.

- Enfim, precisamos de alguém que saiba equilibrar um negócio do século 21, com um modelo de gestão que combine o que pode ser aproveitado do século 20 com as novas exigências de gerações que apenas estão chegando num ambiente que ainda não existe. Por estas razões, entendo que você é o melhor candidato para esse desafio. O que me diz?

- Não sei Jota... O que você está me falando é como se fosse o "canto da sereia", algo que eu tenho pensado muito nos últimos tempos.

- Minha situação atual também é extremamente desafiadora e a perspectiva de futuro é mais do que conhecida, o que me deixa numa situação muito confortável em relação ao que está por vir... Ainda que não seja certo, o caminho está definido e só depende de mim! Dos resultados que vou entregar. Trocar isso pela quantidade de incertezas que você me coloca, sobretudo em relação aos resultados de curto e médio prazo, só é mais pressão.

- Além do que não posso simplesmente deixar minha empresa atual, assim, do dia para a noite! Talvez 30 dias seja pouco tempo. É certo que tenho um sucessor formado, mas ele não está totalmente pronto. Preciso pensar...

- Ok, Cristiano, eu entendo... Pense bem... Você é o número um nas indicações que tenho. Tenho certeza que você é o cara! Não quero que você se precipite, mas preciso de uma resposta sua até amanhã, no final da tarde. Se for positiva, tenho certeza que você será contratado!

- Tá certo Jota, mas preciso mesmo pensar. O desafio é imenso e não sei se estou pronto ou disposto a correr o risco... Não sei se é correto deixar a empresa que me apoiou tanto nos últimos anos, assim tão rápido... Além disso, tenho alguns projetos pessoais que certamente podem ser impactados pela minha decisão. Preciso conversar com a Vera e com o Pedrinho.

- Legal, Cris! Espero que o Pedrinho tenha sabedoria para te ajudar na melhor decisão. E a Vera também, lógico.

- Ok, Jota, amanhã voltamos a falar...

No caminho de volta para casa, Cris passou por um verdadeiro turbilhão de sentimentos e dúvidas. Não poderia simplesmente jogar fora toda a história de sucesso construída na empresa atual e as oportunidades futuras que, certamente, estavam preparadas para ele.

Será que ele iria conseguir ampliar a família nos próximos dois anos em função desse desafio? "Mas é tudo com o que tenho sonhado nestes últimos meses!", pensa Cristiano. "Tudo o quê, Cristiano? Família, novos desafios, dinheiro".

Nesse estado total de confusão e ansiedade, ele sabia que a aventura de um novo emprego colocaria em risco tantas coisas construídas e traria uma reformulação total no seu futuro pessoal e profissional nos próximos dois ou três anos. "Por que mexer nisso agora, Cris?", perguntou para si mesmo. "O melhor é negar a proposta e seguir a rotina como está! É mais confortável".

Cristiano chegou em casa por volta de 21 horas. Passou em uma pizzaria do bairro e comprou sua preferida – de peperoni. Com a pizza à mesa, devidamente acompanhada de uma garrafa de Monte da Ravasqueira, Cris contou a Vera sobre o encontro com o Jota.

Para você refletir: Recusa ao chamado

Mas, seu primeiro sentimento é que não é uma brincadeira, é um jogo de alto risco. Você tem medo, quer manter a segurança do mundo como você conhece. Fica pensando nas coisas que pode perder se não der certo. Você receia não saber lidar com os novos conhecimentos e expectativas, ou não ter competências suficientes. Essa aventura pode ir contra seus valores, crenças e conforto atuais. Você abandona a busca, foge do desafio, normalmente encontrando uma série de boas justificativas.

Você está prestes a recusar um chamado à aventura? Pense bem nos ganhos e nas perdas.

Cristiano estava efetivamente naquilo que popularmente se conhece como "sinuca de bico". Ele sente que não consegue tomar essa decisão sozinho; precisa de algum apoio. E tem que ser rápido! Quem pode ajudar? Durante a pizza, Vera ouve atentamente e se posiciona sobre a questão familiar:

- Cris, sobre os filhos, podemos esperar mais algum tempo... Somos jovens e acho que aguardar mais dois anos não vai alterar muito nossos planos familiares.

- E quanto à viagem, podemos reprogramar para o próximo ano. Caso você aceite a proposta, é claro que não poderá se ausentar neste ano.

Ela faz apenas uma pergunta:

- Qual é o seu propósito? O que está mais alinhado com aquilo que você quer da sua vida, em todos os sentidos? Manter o *status quo* ou encarar uma mudança?

- O que você acha?

- Quem tem que decidir isso é você. Eu não posso achar nada para não influenciar sua decisão e mais tarde me arrepender (Ah, as mulheres e seu pragmatismo!).

A fala da Vera encerrou o jantar... Meio furioso, Cristiano resolve relaxar um pouco, abrindo seu LinkedIn para ver o que está rolando. Um post chama sua atenção:

"Assim é a época dos parênteses, seus desafios, suas possibilidades e suas interrogações. Embora o período entre eras seja incerto, é um tempo bom e em fermentação, cheio de oportunidades. Se pudermos aprender a fazer da incerteza nossa amiga, poderemos conseguir muito mais do que em termos e eras estáveis.

Em eras estáveis, tudo tem um nome, tudo sabe qual é o seu lugar e podemos fazer muito pouco para mudar. Mas na época dos parênteses temos extraordinária influência e capacidade de mudar – individual, profissional e institucionalmente – se pudermos apenas con-

seguir um sentido, uma concepção e uma visão claros da estrada que se abre à nossa frente. Meu Deus, que época fantástica para se viver!"

John Naisbitt

Cristiano pensa: "Parece que estou vivendo um momento de parênteses. Estou muito acomodado na minha carreira atual, esperando acontecer. Eu escrevo minha história! Eu decido qual é o melhor movimento para minha carreira! O que estou vivendo agora pode ser a ponte para uma nova vida e decidir só cabe a mim!".

Desligou o celular e foi assistir mais um episódio de "La Casa de Papel". Será que o Professor sai dessa agora? Mas, ele não parava de pensar no desafio... Os criadores do negócio: Uma galera jovem e com excelente formação; com experiências importantes em negócios digitais; com uma ideia absolutamente disruptiva no mercado financeiro; com um bilhão de reais na mão; e terem que ser liderados por um executivo que ajuda a construir estradas.

Montar uma equipe multidisciplinar em todos os sentidos: formação, experiência, competências, compromisso, motivação, engajamento... Ele já havia tido uma experiência com um time de inovação na empresa atual e não foi uma coisa fácil. Esse pessoal mais jovem é muito difícil de lidar! Ele também é jovem, ainda, mas sua experiência mostrou a importância do equilíbrio entre as gerações.

E sobre o investidor? Pelo que Jota disse, os caras são feras! Apoiam a transformação de ideias em negócios; investem muita grana nisso; a taxa de sucesso e, consequentemente, de retorno deles é incrivelmente alta; e são cruéis com negócios e executivos que não entregam o resultado esperado. Simplesmente não há segunda chance com eles.

Ok. A renumeração é 50% superior ao que ele ganha hoje. Se obtivesse sucesso após o período inicial de três anos e seguisse, aos 40 já estaria com a vida financeira resolvida pelo resto da vida. E para os filhos – no plural, já que ele pretende dar um irmão ao Pedrinho nos próximos dois anos – também.

No dia seguinte, ainda que a noite não tenha sido exatamente agradável dado o turbilhão de pensamentos sobre o presente e o futuro, Cristiano foi para o trabalho. Sabia que, ao final desse dia, teria que tomar uma decisão.

Tudo ia caminhando bem, até que por volta de 11h30 o presidente o chamou para falar sobre um pedido de verba que ele havia feito para investimento no projeto de inovação das linhas de produção.

- A matriz entendeu que este não é o momento. Temos de ter mais foco no processo atual, aproveitando ao máximo a capacidade produtiva, antes de investir em novas tecnologias. Postergamos para daqui a dois anos, lamento.

Cristiano se limitou a dizer "ok".

Voltando para sua sala, ele não compreendia muito bem sua reação passiva. Em outros tempos, teria reagido à negativa sobre um pedido de investimento tão necessário à atualização das linhas de produção, fundamental e estratégico para o crescimento do negócio.

Inovação era uma de suas prioridades para os próximos cinco anos, o que poderia colocar a operação brasileira num patamar diferenciado em relação aos negócios no país e em outras partes do mundo. Definitivamente, essa negativa deixaria sua operação muito defasada. "Que empresa é essa? Que futuro eles querem? Fazer mais do mesmo?", pensou.

Ele ainda não estava encaixando bem os pensamentos, quando o telefone tocou:

- Cris? É o Beto? Tudo bem?

- Olá, meu amigo! E aí? Quanto tempo!

- Pois é, cara! Estou próximo do seu escritório e pensei que talvez pudéssemos almoçar juntos.

- Por que não? Vamos nessa.

Combinado o local, lá foi o Cristiano para o almoço. Mais uma vez ele se surpreendeu com seu comportamento. O Beto era um amigo da faculdade. Tinham o hábito de se encontrar três ou quatro vezes por ano, num happy *hour* com outros colegas do curso.

Almoço era a primeira vez. Até porque ele não costumava almoçar fora da empresa, pois aproveitava esse momento para conversar com pessoas do "chão de fábrica".

- Caramba, lá vou eu fazer mais uma coisa diferente... Almoço com um amigo, durante a semana... No meio do expediente! O que está acontecendo? Bom... Quem sabe o Beto pode me ajudar.

O almoço foi legal! Um pequeno bistrô próximo do escritório... O pedido, o prato do dia, stake tartar para os dois, acompanhado de um Pinot Noir. "Bebendo no almoço, Cristiano? Acho que estou precisando...", ele pensou.

Falou com Beto sobre a nova oportunidade profissional e, mais uma vez se surpreendeu, pois não era dado a falar muito sobre sua evolução profissional. Não deu muitos detalhes, mas comentou sobre o dilema: Aceitar ou não a proposta.

Falou também sobre os comentários da Vera, da frase do LinkedIn e da negativa em relação ao investimento na inovação dos processos. Beto ouviu com atenção e, notando a angústia do amigo – que, aliás, ele considerava o cara mais seguro e autossuficiente que já conhecera na vida - apenas comentou:

- Acho que sua decisão passa por aquilo que você quer do futuro como profissional e pessoa. Passa pela sua disposição em assumir riscos. Você quer uma vida mais previsível, mesmo com sucesso? Fique onde está!

- Agora, que tal surfar nesse tal "mundo VUCA" e experimentar as mesmas sensações que tínhamos na época da faculdade? Vai lá e enfrente os nerds e a insensibilidade do fundo de investimento! Na sua posição atual você é um cara. Lá, talvez, você possa ser o cara.

Sem saber exatamente o porquê, Cristiano se lembrou da célebre frase de Steve Jobs para John Sculley quando o convidou para ser CEO da Apple: "Você quer continuar vendendo água com açúcar ou quer mudar o mundo?".

Cristiano voltou para o escritório e estava pronto para tomar a decisão.

Para você refletir: Encontro com mentor

O desafio continua presente, pois representa o vínculo entre onde estou e onde quero estar. De repente, surge um "mentor" que o prepara para os desafios com conselhos, orientação, fortalecendo a confiança. Esse mentor pode ser uma pessoa, um livro, um filme, uma reflexão, enfim, algo ou alguém que te retorne à claridade do desafio. Podem ser heróis com experiência bastante para ensinar outros ou desconhecidos.

Mesmo que não haja uma pessoa, sempre há um encontro com a sabedoria, com a experiência. Durante a aventura podemos ter vários mentores, nos diferentes estágios da jornada. É preciso estar atento. Mas o mentor não pode estar junto com você por todo o caminho. Você precisa conduzir sua própria história.

Quais são os seus mentores? Você reconhece neles a sabedoria para ajudá-lo a enfrentar os desafios?

۞

Passava das 18 horas. Cristiano estava reflexivo, ainda um pouco angustiado... Há cerca de cinco anos, ele e Vera passaram a fazer um exercício diário de meditação pela manhã. Ao se lembrar disso, ele trancou a porta de sua sala, sentou-se no chão na posição de Lótus, e durante dez minutos, suspendeu o pensamento... E o julgamento (lembra-se do que falamos na Introdução? Não julgue!).

Navegou pelo inconsciente... Relaxou... E, ao fim, estava pronto para tomar a decisão.

- Jota? Tudo bem? É o Cristiano. Vamos avançar no processo da FinCrazy!

- Que ótima notícia, Cris! Vamos definir então os próximos passos!

۞

Para você refletir: Travessia do primeiro limiar

É o momento em que você decide agir e aceitar o desafio. Um ato voluntário *no qual você se compromete e se dispõe a aceitar as consequências (positivas e negativas) da sua escolha. Normalmente, nesse momento, o comportamento típico é não aceitar conselhos e sair disparado em busca da aventura. Você esquece o medo e enfrenta a primeira prova.*

Como foi sua decisão de enfrentar o desafio? O que o levou a tomar essa decisão?

۞

O processo da contratação do Cristiano foi bastante rápido. Ainda na mesma semana em que aceitou o desafio, ele conheceu os três criadores da FinCrazy e o presidente do fundo que financia a startup. Foram conversas bem interessantes. Os criadores mostraram um grande alinhamento em relação às perspectivas estratégicas do negócio, porém eram absolutamente diferentes em relação à forma como pretendiam conduzir suas áreas de atuação.

Na reunião, que durou cerca de três horas, Cristiano pôde perceber que teria problemas com Roberto, o engenheiro mecatrônico, pela forma como ele se colocou em relação à autonomia que pretendia ter à frente da área de Marketing, além de se posicionar claramente sobre a pretensão de ocupar a posição de CEO no médio prazo.

A frase marcante foi:

- Cristiano, precisamos muito dos recursos do investidor e entendo perfeitamente as condições deles para iniciarmos o negócio. Mas, assim que estivermos consolidados, o CEO deve ser um de nós. É justo que seja assim!

- Nada mais certo, Roberto. Vamos trabalhar nisso juntos!

Já o engenheiro de software – Rafael, ou Rafa, como gostava de ser chamado - que ficaria no comando da área de Tecnologia, pareceu ser mais flexível e com disposição para trabalhar em equipe, demonstrando aceitação da contratação de um CEO vindo do mercado.

- Cristiano, tivemos uma grande ideia! Nossos conhecimentos são complementares. Achamos uma mina de dinheiro para fazer da ideia um negócio, mas não sabemos nada de gestão. Com a sua chegada, ganhamos força para alavancar ainda mais a FinCrazy!

O que teve mais dificuldade para definir com clareza suas posições foi Leandro, o economista. Meio introspectivo, de poucas palavras e um olhar nem sempre direto. Ele será responsável pela área de Desenvolvimento de Produtos e Análises Econômicas. A princípio, pareceu aceitar sem muitas ressalvas a contratação de um CEO do mercado. Porém, deixou claro que preferiria alguém com experiência no mercado financeiro ou em tecnologia.

- Cristiano, este é um negócio financeiro com alta tecnologia embarcada. Você tem construído estradas e pontes ultimamente e sua experiência é mais de gestão do que de desenvolver modelos matemáticos usando soluções tecnológicas. Até me agrada isso, mas vamos ver...

> "É", pensou Cristiano. "Não vai ser nada fácil lidar com esses três! Vou precisar de muita habilidade, assertividade e resiliência! Tirar o melhor que puder dos três e, ao mesmo, tempo conquistar a confiança, principalmente tendo sabedoria para considerar todos eles com respeito e cuidado genuínos, verdadeiros, mas também confrontando quando necessário com assertividade e firmeza!".

A conversa com o presidente do fundo foi instigante. Jorge deveria estar na faixa dos 70 anos, percebida pelas marcas das rugas no entorno dos olhos e nas mãos. Mas parecia um garoto de 30! Alto, forte e bronzeado, com uma voz lenta e baixa, mas com uma inflexão de energia e segurança. Era o tipo de cara que se chamasse "vamos?", você iria! Sem perguntar para onde!

Já de partida, ele perguntou como Cristiano conduziria o negócio nos primeiros 100 dias:

- Quais são as suas prioridades em termos de resultado?

- Quais são as metas de curto, médio e longo prazo que você propõe?

- Que estratégias seriam as mais adequadas para um negócio dessa natureza?

Mais do que avaliar as melhores respostas, ele estava testando o Cristiano sobre conhecimentos de gestão e sobre a "pegada" como líder. Cristiano também teve a oportunidade de fazer alguns questionamentos:

- Por que nenhum dos três criadores foi escolhido para a posição de CEO?

- Que resultados de curto, médio e longo prazo são esperados pelo fundo?

- Em que momento o fundo reavaliará o negócio para uma possível venda?

Cristiano saiu da entrevista com a certeza de ter "passado na prova". E passou mesmo! No dia seguinte, no final da tarde, Jota ligou e informou que ele havia sido aprovado como a primeira opção para ocupar a vaga.

A proposta de trabalho foi formalizada.

Bastava ele dizer que sim, que aceitava a proposta e, em poucos dias, estaria no comando da FinCrazy! Que novo mundo será esse? Todo louco tem seus momentos de lucidez. Cris tremeu.

- E agora?

Ligou para Vera. Não conseguia guardar para si a ansiedade, a incerteza, o medo. Esperava que a Vera dissesse: Venha para casa e conversamos.

Ela simplesmente disse: Hoje não é seu dia de jogar tênis?

Ele entendeu o recado! Foi para academia e "jogou como nunca e perdeu como sempre!". Com o jogo chegando ao fim, a cada ponto disputado ele foi entendendo que era chegada a hora. Teve certeza que a resposta à FinCrazy era sim!

Assim que o jogo terminou, mandou um WhatsApp para Jota. Simples assim:

- Ok, FinCrazy!

Na manhã seguinte, comunicaria sua decisão ao presidente de sua atual empresa. Ao chegar em casa, Pedrinho deu-lhe um abraço apertado como nunca! Ele olhou para Vera e, por alguma razão, teve a certeza que ela e Pedro já sabiam de sua decisão!

Só houve um longo sorriso, um banho e uma noite de sono tranquila, que não havia experimentado nos últimos dias!

Para você refletir: Testes, aliados e inimigos

Ao longo da primeira prova, você descobre quem e o que te pode ajudar ou atrapalhar. Você começa a experimentar o aprendizado de uma nova vida, sob novas regras. Está se adaptando ao novo mundo, deixando de ser "calouro"; vale-se de experiências e conhecimentos anteriores. Um grande inimigo pode ser descoberto ou reencontrado, assim como novos aliados. Você começa a se preparar para o grande desafio. Neste estágio, você forma parcerias, encontrando-se com outros que têm os mesmos interesses comuns. Uma equipe está surgindo.

Qual foi o teste que você enfrentou? Quem o ajudou? Quem "jogou contra"?

A conversa de Cristiano com o presidente foi muito difícil. Conhecendo o interlocutor, ele foi direto ao ponto e comunicou que estava se desligando da empresa. Sem mais explicações ou justificativas. Ficou apenas esperando a reação, em silêncio.

Ele pôde notar uma postura corporal do presidente que apontava para a incredulidade no início. Foi se transformando em algum tipo de negação e, em seguida, em raiva. Tentando manter a postura profissional, ele simplesmente perguntou:

- Por quê?

Ele tentou explicar com muito cuidado. Cuidado pelo enorme respeito que tinha pela empresa, pela história que ele escreveu por lá e pelo presidente que havia investido muito tempo pessoal no desenvolvimento dele, Cristiano, durante os últimos dois anos.

Ele se preparou para essa conversa. Não foi na linha do "meu ciclo por aqui terminou", pois seria mentira! Ele sabia que ainda tinha muito a aprender, contribuir, evoluir naquela empresa.

Não falou sobre a remuneração e do novo cargo, que o colocaria num patamar superior de carreira, um pouco antes do tempo que ele havia definido. Isso também poderia ser atendido pela empresa atual, nos prazos que ele inicialmente planejou para seu futuro.

Também não mostrou todo o entusiasmo que estava sentindo por estar à frente de algo inovador, diferente, totalmente ligado a esse novo mundo digital, afinal os negócios da empresa atual também poderiam ser transformados.

Preferiu falar sobre seu propósito de vida, muito ligado à vontade de empreender, de criar valor que seja percebido em primeiro grau pelas pessoas, de ser desafiado a viver num ambiente volátil, incerto, complexo e ambíguo. Sim, ele gosta mesmo disso!

O presidente ouviu em silêncio, olhando fixamente para Cristiano e anotando mentalmente cada palavra. Ao final, disse:

- Então, durante estes últimos dez anos que você está conosco, nunca tivemos o Cristiano verdadeiramente comprometido com os valores e com os resultados desta organização. Lamento não termos tido uma conversa como esta há alguns anos. Talvez pudéssemos ter possibilitado a você ser mais feliz. E, certamente, a empresa poderia ter se aproveitado ainda mais desse seu propósito. Acho que você está sendo louco, mas não há mesmo como mantê-lo conosco. Tenho certeza que terá sucesso!

Cristiano conduziu sua sucessão durante 25 dias após essa conversa com o presidente e partiu para a FinCrazy!

Para você refletir: Provação máxima

No confronto direto com o desafio você enfrenta momentos de tensão e pressão enormes. Será que vai dar certo? É um momento crítico. Você não pode viver essa experiência sem modificar-se de alguma maneira. O prêmio que se avizinha é o renascer para nova vida e a possibilidade de mudar o mundo comum no qual você vive.

Como foi esse momento de sofrimento extremo na sua jornada?

Após sua saída da empresa, Cristiano aproveitou para viajar com Vera e Pedrinho, durante cinco dias, para um resort no Nordeste. Era pouco tempo, mas importante para "virar a chave", desligar-se de uma realidade dos últimos dez anos.

Tentou, ao máximo, e quase conseguiu não pensar muito nos novos desafios. Praia, piscina, SPA, esportes, gastronomia, passeios, leitura e, claro, namorar - nos momentos em que Pedrinho estava com os monitores de recreação do resort. Essa foi a rotina desses dias. Em muitos desses momentos, Cristiano revisitava a história de sua vida e sentia-se absolutamente convencido de que fez a escolha correta. Tanto no tempo, quanto na opção!

Ainda que aproveitando as curtas férias, não via a hora de ocupar sua posição nos novos escritórios da FinCrazy. Já pensava como louco sobre as múltiplas possibilidades que o negócio oferecia e o que ele deveria aprender muito rapidamente para também mostrar que a escolha do seu nome foi certeira.

Às vezes, pensava por que não tinha feito a mudança antes, mas refletia que o momento certo é o agora e a melhor oportunidade é esta! Portanto, não poderia ter acontecido antes. "É, parece que o universo conspira mesmo a nosso favor! Só precisamos estar atentos e preparados!", pensou Cristiano.

Para você refletir: Conquista da recompensa

A jornada está chegando ao final e você sente o prazer de vencer o desafio, ultrapassar os limites. Sente-se um herói, reconhecido como especial e diferente e toma posse do prêmio que buscou durante toda a jornada. Agora, fortalecido, você sente que muitas possibilidades são abertas, até mesmo um novo mundo. Você se descobriu e aceita como é, com as forças e fragilidades que fazem parte de você.

Agora que está prestes a levantar o troféu da vitória na sua aventura, como você está se sentindo?

Os primeiros dias, semanas e meses foram intensos! O lançamento da FinCrazy abalou as estruturas do mercado financeiro, principalmente no segmento de cartões. Os clientes rapidamente entenderam o valor adicionado pela empresa na gestão da vida financeira de cada um deles.

Roberto, Rafa e Leandro, apesar de alguma resistência inicial, logo aderiram ao estilo do Cristiano – que tinha um grande talento para lidar com pessoas difíceis – e apoiaram as iniciativas estratégicas propostas por ele. Ainda assim, Cristiano cuidava de cada um deles e sabia lidar muito bem com as diferentes personalidades, dando o combustível certo para manter a motivação em alta.

As equipes foram rapidamente montadas e a FinCrazy passou a ser uma das empresas mais admiradas do mercado pelos profissionais. Com isso, os primeiros resultados foram entregues antes dos prazos estabelecidos pelo fundo no plano de negócios. O presidente era só alegria e já fazia planos de um novo aporte de recursos na empresa, para antecipar algumas das ações estratégicas definidas no planejamento de cinco anos.

Cristiano aplaudia! Afinal, aquela sinalização de uma remuneração ainda mais diferenciada após três anos de atuação poderia ser antecipada. Ainda que o dinheiro fosse importante, o que mais estava motivando Cristiano era a realidade presente e perspectiva clara de futuro de estar fazendo algo totalmente alinhado com seu propósito.

Talvez, daqui a uns cinco anos, ele poderá rever esse propósito e ter a necessidade de buscar novos desafios. Quem pode prever?

Ah, em tempo... A viagem a Portugal foi realizada um ano depois do início na FinCrazy e Vera voltou de lá com um irmãozinho – ou irmã, ainda não sabemos – para o Pedrinho. O que não faz um passeio pelo Vale do Douro, com direito a jantares românticos em um hotel centenário?

Para você refletir: O caminho de volta

É chegada a hora de administrar as consequências do final da aventura e dos seus resultados. Criar um mundo comum com mais sabedoria, mais experiência, frutos do aprendizado da jornada. Você está preparado para lidar com os sentimentos decorrentes de ter ultrapassado o desafio e, novamente, alcançar o patamar de conforto. Uma nova aventura vai se iniciar...

Como é seu novo mundo comum? Preparado para uma nova aventura?

O roteiro desta história é baseado na Jornada do Herói, de Joseph Campbell, que é apresentado e aprofundado em duas obras literárias: "A Jornada do Herói – Joseph Campbell Vida e Obra" (Editora Ágora); e "O Herói de Mil Faces – Joseph Campbell" (Editora Cultrix Pensamento). Se preferir, você pode rever a série "O Poder do Mito", produzida pela BBC.

Esse "roteiro" – e me perdoe Campbell pela redução de uma obra tão vasta e importante - tem sido largamente utilizado pelos grandes diretores do cinema. George Lucas, por exemplo, se apoiou na Jornada do Herói para construir a saga Guerra nas Estrelas.

A abordagem é simples: A criação dos mitos e/ou dos heróis nas sociedades que construíram a nossa história nada mais é do que um roteiro baseado na vida comum. Essa construção é complementada com adereços e aplicações que reforçam a ideia do êxito, da virtude, do exemplo e das imagens que podem servir de apoio à busca incessante da essência e da perfeição do ser humano. Portanto, nossa história individual tem todos os elementos que revestem a construção do herói ou do mito.

Sugestões para o RH:

1. Utilize a estrutura da Jornada do Herói nas ações de desenvolvimento de lideranças e de equipes de vendas. Muitos filmes podem ajudar.

2. Nos processos seletivos, explore com os profissionais sobre como eles lidam com o Chamado à Aventura, Encontro com o Mentor e Testes, Ameaças e Inimigos, em situações reais da vida. Podemos descobrir muito sobre comportamentos e atitudes.

3. Se você atua como *coach*, o exercício da Jornada do Herói é extremamente poderoso para ajudar o *coachee* a descobrir quem ele realmente é.

6. JANTANDO COM ELES

Quando você está viajando a trabalho, o fim do dia tem sempre a mesma toada. É como se você estivesse cumprindo um cronograma e não uma rotina de viagem. O dia termina sempre num restaurante ou num bar, invariavelmente com um cliente ou fornecedor.

Foram muitos jantares e muitos drinques, às vezes dois jantares na mesma noite para garantir um pedido e uma esperança de venda. Mas, aqui destaco um dia que me marcou muito. Ou melhor, uma noite em que as horas simplesmente passavam e ninguém percebia.

Estávamos reunidos, que time... A gente se encontrou em uma feira fora do Brasil e resolvemos jantar juntos. Imagine você, um jantar com quatro pessoas dentro de todas as características de um profissional de sucesso, de um louco de verdade.

O papo girava, girava, mas sempre acabava em trabalho e suas aventuras em busca dos resultados, não tem jeito... Lugar mais adequado não poderia existir, Madri, Espanha, a cidade congelando de frio e nós, a cada taça de vinho, tirando uma peça de roupa de tanto calor. Lembro como se fosse hoje... A cada corte fino do *jamon*, aquela variedade de queijos, era um festival de "pérolas" que cada um de nós desferia.

Consegui fazer uma pequena coletânea dos principais *insights* durante a noite. Vou dividir em perguntas e respostas alguns desses momentos vividos em Madri, quando só faltou o touro para deixar a cena mais emocionante:

Alguém aqui acredita mesmo que existe pessoa nesse mundo disposta a pagar mais caro desde que o atendimento seja bom?

Claro, a unanimidade respondeu!

Os clientes estão dispostos a pagar pelo menos 10% a mais em locais que são bem atendidos. O segredo aqui está sempre no funcionário e não no processo, se tudo está claro para ele desde a sua contratação e ele se sente envolvido e comprometido com o diferencial do atendimento, a coisa funciona - e bem.

Talvez o melhor exemplo seja um posto de gasolina, imagine você que gasolina é igual em qualquer lugar, então o que faz você decidir pelo posto A ou B? O atendimento. Aquele cara que vai lá e dá "bom dia" sorrindo, calibra seus pneus, limpa seus vidros. Pouca gente sabe que um profissional desses ganha mais dinheiro com gorjeta do que com o salário.

Vem outra garrafa de vinho e um de nós faz o seguinte comentário:

Será que algum de nós que está aqui nessa mesa, que exerce alto cargo de liderança, teria chegado a algum lugar se fosse inibido?

Aqui se estabeleceu rapidamente uma gritante diferença entre fazer shows pouco convincentes e apresentações maduras e seguras. Você não precisa ser um palestrante internacional para se comunicar bem. Conheço profissionais tímidos, com tom de voz baixo e sem muita gesticulação que fazem apresentações maravilhosas.

O segredo é conhecer muito bem o público, dominar a matéria que vai defender e se preparar adequadamente. Na realidade, não tem importância alguma o que você faz na vida: Se não sabe se comunicar, você realmente tem um grande problema.

Um momento crucial no qual você precisa se comunicar bem é quando está em plena entrevista de emprego. Muitas vezes, é o entrevistador que tem de arrancar a informação do candidato, mesmo que as áreas de RH não tenham tanta expertise assim nesse tema.

Quando você se comunica bem, a fluidez do papo é outra, gera empatia, desejo de dar sequência. Como resultado, há uma rotulagem positiva, do tipo, esse cara é bem legal.

E o clima na mesa esquenta...

Quem concorda que ainda existe "Manda quem pode, obedece quem tem juízo"?

O mandar é bem complicado, mas ainda existe sim. A questão é que quando o líder precisa utilizar da sua autoridade é sinal que alguma coisa definitivamente não vai bem.

Sempre fui da política da coletividade com uma regra básica: Aqui ninguém manda, mas se alguém tiver que mandar, mando eu. O sentido aqui é de chamar a responsabilidade e aliviar a pressão do grupo, é muito importante para equipe olhar para cima e confiar 100% no que vem e vai.

Não existe nada que funcione sem uma hierarquia bem definida, seja vertical ou horizontal, tem que ter um pé mais forte na hora da dividida.

Bem-sucedido será o líder que transmitir segurança, firmeza, metas claras e possíveis, porém desafiadoras.

Talvez o melhor ditado seria: "Orienta quem sabe e segue quem é inteligente".

E, para terminar, já que o garçom está desesperadamente esperando nós pagarmos a conta, sai essa aqui:

Quem é vendedor de verdade, vende qualquer coisa. Ou seja, qualquer produto ou serviço?

Bem, aqui a pancadaria foi forte e até o garçom entrou na discussão. Engraçado demais...

Em resumo, a maioria decidiu que não.

E, claro que não mesmo! Basicamente e tecnicamente, existem três tipos de venda:

Alto impacto;

Consultiva;

Empreendedora.

Imagine se a mesma pessoa teria perfil para vender ou atuar em qualquer uma dessas frentes. Vamos por exemplos que fica mais fácil:

Alto impacto: Um vendedor de Coca-Cola.

Atuação consiste em ter uma política comercial inflexível, o que conta é a produtividade, tirar pedido e focar na volumetria.

Consultiva: Um vendedor de plano de saúde.

O foco aqui é ouvir, entender a necessidade do cliente e propor uma solução matadora para fechar o pedido.

Empreendedora consiste em entender o negócio do cliente para poder propor algo que nem ele sabe que precisa. Um bom exemplo seria a terceirização da distribuição física para uma fábrica de biscoitos. O negócio é fabricar e vender e não entregar, logo, você cria uma solução fora do contexto para vender algo que nem ele sabia que precisava.

Agora, pense comigo como esses vendedores têm perfis diferentes.

Para finalizar, acabamos criando nome para cada um deles. Ficou ótimo:

Vendedor de alto impacto: Carlão Marreta;

Vendedor consultivo: Fabio Solução;

Vendedor empreendedor: Marcos Coruja.

LIDERANDO UM TIME DE LOUCOS

Na nossa experiência, eu e o Luppa, sempre discutimos sobre a melhor forma de liderar essas pessoas incríveis por suas competências e atitudes e pelos resultados excepcionais que elas entregam.

Claro que não dá para ser aquele modelo de "comando e controle", que estabelece o que, como, quando e quanto deve ser feito. Por outro lado, também não é possível deixar a coisa solta. Há que se estabelecer um equilíbrio entre autoridade, responsabilidade, liberdade e autonomia.

Esse é o grande desafio da liderança de um time de loucos!

O jantar do Luppa foi mesmo muito interessante! Não só pelo conteúdo das conversas, como pelo local. Bom, no meu caso a discussão foi também instigante, mas o local mais modesto: Um boteco bem arranjado em São Paulo, num daqueles happy hours entre amigos, regado com um chope geladinho, uma boa cerveja ou um vinho.

Quem me conhece sabe que eu tenho um hobby: Conversar com pessoas inteligentes (recomendo para todos!). De vez em quando, gosto de sentar com dois ou três amigos (inteligentes, lógico!) e fazer algumas provocações.

Como estávamos no processo de escrever sobre "os loucos" e, sem dúvida, um dos pontos importantes seria a liderança de pessoas com essas características, lancei a provocação para meus companheiros desse happy hour, três líderes de equipes em diferentes áreas (Vendas, Marketing, Tecnologia).

- Qual é a melhor forma de liderar pessoas diferentes e que entregam resultados repetidamente excepcionais?

A discussão começou já com um aparte de um dos amigos:

- Acho que não tem melhor forma. Cada pessoa dessas é diferente e pede um tipo de liderança também diferente.

- Eu concordo - disse a outra colega – E ainda tem essa tal geração *Millennial* que tem expectativas bem distintas.

- E agora já está chegando ao mercado de trabalho a geração Z, que parece ser totalmente diferente – disse o terceiro.

Escutei atentamente a cada um dos comentários e fiz as minhas considerações:

- Legal, gente! Concordo com tudo o que vocês comentaram e isso me leva a concluir que vivemos um momento de muita complexidade e diversidade, seja pela presença ativa de diferentes gerações no ambiente de trabalho, seja pela revolução digital que estamos vivendo, seja pela natureza dos relacionamentos que esse cenário proporciona.

- Porém, – continuei - se tivermos que exercer um tipo de liderança para cada indivíduo, vamos ficar loucos, doidos de verdade! Deve haver um modelo que possa servir de referência para uma liderança mais coletiva, de equipes, e que seja flexível o suficiente para tratar as individualidades! O que acham?

- É Sergio, isso faz sentido! Eu tenho uma equipe de 25 vendedores espalhados pelo Brasil. Falo com metade deles todos os dias. Conheço bem o perfil pessoal e técnico de cada um e procuro adaptar o meu jeito de falar com eles para que haja uma boa comunicação entre nós, principalmente quando se trata das metas comerciais.

- Boa! Isso levanta uma questão importante para a liderança. Liderar também é influenciar os outros para atingir resultados, certo? E sejam quais forem as táticas ou técnicas de influência e persuasão, a comunicação tem que ser clara e precisa e só consigo essa efetividade se eu me comunicar o máximo possível no formato do meu interlocutor.

- Pô, Serjão, agora você complicou! Como faço isso?

- Olha só, tenho um exemplo bem prático. Você tem filhos pequenos, certo? Você se comunica com eles da mesma forma como se comunica com adultos? Claro que não! Afinal, a criança ainda não tem todos os recursos de linguagem que um adulto tem. Você usa palavras mais simples e outros recursos mais lúdicos. Certamente com isso, sua comunicação com elas será mais efetiva, não é mesmo?

- Caramba, faço isso mesmo com meu filho de 6 anos e ele me entende direitinho! Ainda que às vezes, faz que não entende. É esperto o moleque!

- Agora, para acertar o passo na comunicação com os outros, é importante que você conheça bem o seu próprio formato. Por exemplo, se você for um cara muito analítico, que dá muita importância para dados e informações, vai ter dificuldade para se comunicar com alguém que é, digamos, mais assertivo, aquele que gosta de ir direto ao ponto e decidir rápido.

- E aí? Faço como então?

- Se você consegue identificar que o seu interlocutor é mais assertivo, nesse caso, é preciso que você ajuste o seu discurso, com menos dados e informações. Mantenha só o essencial, e dê uma ou duas alternativas para a tomada de decisão. Logicamente, não existem só esses dois tipos de comunicadores (analíticos e assertivos). Existem instrumentos de avaliação para autoconhecimento que podem ajudar a identificar seu estilo ou estilos.

- Já identificamos que uma boa comunicação, ajustada ao perfil do outro, ajuda bastante na liderança. Mas será que é só isso? Como podemos ajudar nossos loucos a serem cada vez melhores?

- Pessoal, eu lido com uma galera bem jovem na área de tecnologia! Acho que uns 80% dos 35 caras da minha equipe são da tal geração Y. São antenados, digitais, multitarefa e ligados em inovação. Uma das coisas que eles mais exigem de mim como líder e dos demais supervisores é saber como está indo o projeto, como eles estão se saindo, o que é preciso melhorar, o que está legal, o que mais eles podem aprender, enfim... Passo grande parte do meu tempo conversando com eles. E, podem crer, com isso o resultado vem!

- Excelente! Temos aqui uma importante ferramenta de liderança para os loucos. Eles sabem que são loucos e precisam constantemente de apoio, reforço positivo ou dicas de melhoria, seja dos resultados do trabalho ou do comportamento com a equipe, clientes e outras áreas. Isso é feedback! Se a liderança utilizar com efetividade o feedback, eles vão saber como estão indo, onde e como melhorar. Agora, a gente não pode esquecer que feedback também é um processo de comunicação. Precisa ser dado de forma adequada para que eles entendam perfeitamente! Ah, importante: Os loucos também gostam de dar feedback, portanto, peça para que eles de vez em quando digam como está indo seu trabalho como chefe.

- Sergio, se, por exemplo, durante o feedback a gente perceber que o outro precisa de ajuda no seu desenvolvimento, o que fazer? Mandar o cara para o RH, sugerir um curso, mudá-lo de função... O que seria mais adequado?

- Aproveitando – outro amigo entrou na conversa – tem um desses talentos que vive me perguntando o que eu acho que ele deve fazer para se desenvolver e virar diretor de Marketing. Como assim? Ocupar a minha posição? Acho legal, mas o que eu digo pra esse cara?

- Ok, galera! Vamos por partes. Na minha visão, temos aí mais uma ferramenta de liderança: o *coaching*! Mas atenção! Não é exatamente o processo de *coaching* profissional que está nas paradas de sucesso de hoje como uma solução milagrosa para qualquer um atingir seus objetivos em curto prazo.

- O que falo aqui é do *coaching* como um estilo de liderança! Aquele que desenvolve pessoas para a empresa e que, certamente, usa algumas ferramentas do processo de *coaching*. Se o cara chega com uma dúvida sobre seu processo de trabalho, perguntando como resolver um problema". Volte a pergunta para ele, dizendo: "Eu não sei não... Você é o especialista! Como você acha que pode resolver esse problema? Dê duas opções. Os loucos são criativos, ele vai ter duas opções. Na sequência pergunte: "Qual das duas você escolheria e por quê?".

- Aí, e só aí, é que você pode entrar se for necessário...

- Como assim Sergio? - perguntou a colega de Marketing.

- É simples... Suponha que uma das opções seja muito mais poderosa para resolver o problema... Então apoie! "Cara, essa solução é porreta! Vamos em frente. Pense num plano de ação e, se precisar, estou aqui para apoiar."

- Agora, suponha que nenhuma das duas soluções sejam ideais segundo seu ponto de vista e experiência, afinal, você já passou por situações semelhantes e sabe que aquilo não vai dar certo. Então, apoie de novo! "Interessantes as suas alternativas... E talvez haja outras possibilidades ainda mais diferentes e inovadoras. Quer pensar um pouco mais a respeito?".

- Vejam só... Na segunda abordagem, você não concorda com o que foi apresentado, mas não diz abertamente. Valoriza e propõe que ele pense um pouco mais. Isso também é uma técnica de comunicação para gerar empatia.

- E ele pode responder com um "ok, chefe. Vou pensar um pouco mais".

- Mas, suponha que você não tem tempo para pensar um pouco mais. Então, baseado na sua experiência, proponha: O que você acha se formos nesta linha... Blábláblá... Mas, cuidado! Não conte tudo... Deixe que ele descubra o resto do caminho das pedras. Ah, dê um prazo que atenda a necessidade e urgência da situação. E cobre!

- Isso é um líder *coach*, Serjão?

- Isso e mais um pouco!

- Vamos pegar a outra situação: O cara quer a sua cadeira! E ainda por cima, pede ajuda para você. Que atrevimento! Será mesmo?

- Acho que não, interviu o colega de Vendas. O que eu mais quero é alguém que assuma aquela "bagaça", afinal, estou me planejando para ter meu próprio negócio em cinco anos, se não virar CEO da empresa.

- Bingo! O líder *coach*, que os loucos adoram é o cara que cria um ambiente saudável de desafio, seja para as metas de curto e médio prazo que garantem a organização no presente, seja para as metas de longo prazo, que garante a sustentabilidade do negócio no futuro. Esse é o legado da liderança!

- Portanto, como líder, você não deve ter apenas um time de loucos que entregue o resultado hoje, mas também um par – ou trio - de loucos que vão dar continuidade à sua obra, ainda que com seus próprios métodos - aí é com eles.

- Portanto, meus amigos e minha amiga, quanto mais loucos querendo o seu lugar, melhor para você... A não ser que você seja um incompetente...

Neste momento, todos olharam para mim com certa indignação. A solução foi pedir mais uma rodada de chope, acompanhada por um mix de frutas secas. Ah, que bom seria se fosse *jamon*, né Luppa? Na próxima, me convida!

- Esta conversa está ficando boa, comentou o cara de vendas.

- Sabe – interviu a colega do Marketing – minha área é uma fonte de criatividade. E haja egos para serem gerenciados! Outro dia, precisamos desenvolver uma campanha de marketing para o Facebook e pedi a dois criativos que desenvolvessem diferentes propostas, usando o mesmo briefing vindo da área interna, nosso cliente. As duas propostas eram muito boas e ontem tive que decidir por uma delas, que, por acaso, nem era a mais criativa, mas atendia melhor à necessidade do cliente.

- Resultado: Bico! O criativo que teve sua proposta recusada demonstrou claramente seu descontentamento, desqualificou a ideia do outro, saiu batendo a porta e ainda disse que sua competência criativa não era reconhecida. Minha vontade foi demitir o cara na hora, mas, contei até três e resolvi deixar para tratar o caso depois... Afinal, o cara é muito bom e aquela tinha sido a primeira ideia proposta dele recusada. Ainda estou pensando como tratar essa situação...

O colega de Vendas, já acostumado em lidar com ataques de estrelismo, saiu-se com esta:

- Dá uma enquadrada no cara e mostra quem manda por ali! Ele vai ficar pianinho...

O colega de Tecnologia, com grande experiência em lidar com "geniozinhos nerds" (palavras dele, hein, leitores!), recomendou colocar panos quentes:

- Dá outro projeto mais desafiador para ele! Vai ver como ele esquece rapidinho desse momento. O segredo é ocupar a mente com coisas novas.

Guardados os exageros - certamente calibrados pela terceira rodada de chope, sem que as azeitonas temperadas tivessem chegado à mesa; afinal, era um boteco - há algumas lições interessantes da situação. Eu que não bebo chope nem cerveja, mas já estava na terceira taça de um bom Carmenére chileno, ponderei:

- Entendo que as duas abordagens são boas e necessárias. Temos aqui uma situação de conflito na equipe. Pela minha experiência, num time de loucos, quando o bicho pega a coisa fica preta! A questão é de forma e conteúdo. Vamos lá...

- "Dar uma enquadrada" é bom! Não necessariamente para mostrar quem manda ali, mas para provocar no outro uma reflexão sobre os impactos de sua atitude em relação ao clima e funcionamento da equipe e, não menos importante, ao posicionamento do líder diante desse conflito. A derrota é parte natural do meio competitivo onde vivemos e pode ser grande fonte de aprendizado, basta que saibamos inverter a lógica da raiva para o aprendizado.

- Pô, Sergio, lá vem você com essa questão do ser humano... E o que eu devo esperar dele?

- Acho que você deve esperar muito pouco... Apenas que ele reflita e tome suas próprias decisões sobre o que fazer em relação ao acontecido.

- Como assim?

- Simples... Jogue a responsabilidade sobre a mudança necessária para ele. Se ele entender e aceitar, certamente você terá um novo louco, mais produtivo ainda...

- E se ele não entender e aceitar?

- Você terá um novo louco, mais produtivo ainda... Para o lugar dele, que será despedido, caso uma nova situação como essa aconteça... Ou você prefere conviver com um indivíduo que não trabalha em equipe?

- E quanto à outra situação... Dar um novo projeto?

- Parece também uma excelente alternativa para manter o louco na sua mais completa tradução - isso parece Caetano. Ou seja, vá em frente e busque o novo desafio, de preferência que seja maior do que o anterior. Eles adoram ser motivados por algo difícil de realizar, mas possível.

- E, se ele atingir os objetivos, é importante algum tipo de recompensa. Como vocês fazem isso nas suas empresas?

- Lá na minha área de Vendas, temos uma política de salário variável bem interessante, com premiações mensais para os três melhores vendedores, além, é claro, do comissionamento normal pelas metas de vendas.

- Para Vendas isso funciona bem... E para outras áreas onde os resultados não são tão imediatos? Alguma ideia?

- Nesse assunto, posso dar minha opinião como RH... Muitas vezes, vejo líderes desses profissionais diferentes e que entregam resultados diferenciados, agirem como se apenas uma meta cada vez mais desafiadora seja suficiente para motivá-los.

- Mas é preciso ter sempre em mente que eles são gente como a gente e que têm necessidades típicas de seres humanos. Adoram os desafios aparentemente inatingíveis, mas também adoram reconhecimento, uma recompensa! Nesse sentido, vejo o reconhecimento de três tipos distintos:

- Um deles chamo de reconhecimento social. Que pode ser um "muito obrigado", "valeu", "parabéns", simples palavras que, se pronunciadas em público, geram um tremendo efeito motivacional! E, acreditem, tem muito líder por aí que não tem humildade para agradecer um trabalho bem feito.

- Também tem aqueles programas estruturados de RH: Destaque do mês, eleito pela equipe; o melhor atendente, eleito pelo cliente; o vendedor que realizou o maior número de visitas em novos clientes; e por aí vai.

- Temos outro tipo, que chamo de reconhecimento de carreira, normalmente atrelado a políticas de gestão de pessoas. Pode ser um aumento salarial por mérito, uma promoção, um curso diferenciado para ampliar as competências ou a participação em eventos externos representando a empresa. Enfim, reconhecimentos que contribuem para o desenvolvimento da carreira.

- Por fim, e não necessariamente o mais ou o menos importante, o reconhecimento material, que envolve algum aspecto financeiro, como por exemplo: bônus anuais por resultados muito acima das metas; incentivos de retenção de talentos no longo prazo; e até mesmo viagens de turismo com a família com as despesas pagas.

- Enfim, existem diversas formas de reconhecer e recompensar os profissionais que têm talentos especiais e entregam resultados diferenciados! Cada empresa deve definir suas ações, sempre de acordo com sua cultura e com suas políticas de gestão.

- É, interviu o colega de TI, parece que sempre tem que ter grana envolvida, né?

- Todo mundo gosta de dinheiro, pois é importante para realizar uma porção de coisas na vida. Mas é importante que também existam outras iniciativas de reconhecimento como as que eu citei e que, em determinadas situações, têm até mais valor!

- Bom, galera, está ficando tarde e as crianças estão esperando em casa para jogar vídeo game e assistir mais uma vez aquele desenho animado da sereia.

- De fato, tivemos uma boa conversa e os acepipes estavam ótimos! Quero apenas acrescentar mais um ingrediente nessa nossa fórmula de liderança. Quem já não viu um jogo de futebol, no qual um dos times está perdendo por 4 x 0 e, aos 44 minutos do segundo tempo, faz um gol? O que acontece normalmente: O cara que fez o gol corre para a torcida e comemora! E ainda é efusivamente abraçado por seus colegas. Comemora o quê? Uma vergonha menor, talvez... Ou, quem sabe, apenas o gol, o grande momento do futebol.

- Acho que tem uma lição aí para os líderes. De fato, nas organizações se comemora muito pouco. Quando se atinge um bom resultado, logo vem alguém dizendo: Não fez mais do que a obrigação; ou a meta estava fraca; ou o mercado ajudou. Quem já não ouviu coisas assim?

- Acredito que qualquer resultado atingido mereça ser comemorado, independentemente das condições e do cenário que estamos vivendo. Isso dá um gás adicional para a equipe. E se for o resultado de poucos ou apenas um indivíduo, também tem de ser comemorado, pois ajuda a mostrar aos outros que, mesmo perdendo de 4 x 0, alguém continuou procurando o gol. Afinal o jogo só acaba quando termina!

- Serjão, agora você fechou com chave de ouro! Concordo! A gente comemora muito pouco!

- Então, vamos celebrar nosso encontro! Viva!

- Ei, chefe! Traz a conta?

Vamos fazer um resumo das ferramentas de liderança e gestão que servem para aproveitar ao máximo as competências dos loucos e de todos os normais também:

Comunicação

É uma das competências mais importantes da liderança. Entenda como é a sua forma de se comunicar, para poder entender o formato do outro. Existe uma infinidade de instrumentos de avaliação de perfil comportamental no mercado que pode ajudar no seu autoconhecimento.

Feedback

Entenda definitivamente que essa é a mais poderosa das ferramentas de liderança de pessoas. Aplique o processo de feedback sem medo de errar no início. A prática vai mostrar a você o melhor caminho. Vários livros e artigos já foram escritos sobre o tema e, no capítulo 2, temos dicas interessantes e simples para conduzir o processo.

Coaching

Aqui apresentamos o *coaching* como um estilo de liderança. Basicamente esse estilo consiste em perguntar ao seu louco sobre quais as alternativas que ele enxerga para resolver problemas e atingir resultados. Na medida em que ele encontra suas próprias e melhores respostas, você vai criando um cara seguro, mais autônomo, mais empoderado. Vale a pena investir nisso!

Costumo dizer que o estilo líder *coach* é o mais completo, um verdadeiro cinto de utilidades do Batman, pois utiliza ferramentas de todos os outros estilos de liderança descritos pelos experts no assunto.

Conflitos

É importante ter sempre em mente que conflitos existem em qualquer tipo de relacionamento humano, portanto não dá para fugir dele! Conflito é bom (ao contrário da impressão negativa que temos dele), pois contribui demais para o crescimento dos envolvidos, na medida em que coloca posições a princípio contrárias, a serviço de encontrar uma terceira via que considere o que há de melhor nas posições iniciais.

É importante que o líder tenha habilidades especiais de gerenciamento de conflitos como, por exemplo, escuta ativa, pensamento estratégico e análise crítica, para poder orientar o diálogo sem permitir que o conflito se transforme em confronto. Lembre-se também de usar o feedback como uma ferramenta de gestão de conflitos.

Além de que, para o líder ser respeitado como um bom mediador, é preciso que tenha confiança plena e total credibilidade por parte da equipe.

Reconhecimento

Os profissionais excepcionais são seres humanos normais e precisam de carinho, atenção, respeito, consideração, desenvolvimento e, é claro, recompensa. A melhor forma de reconhecer começa por ter empatia, entender de fato o que é importante para o outro, lembrando sempre que o que é valor para o João, pode não ser para a Maria! Só então, desenvolva suas iniciativas de reconhecimento.

Lembre-se de considerar a cultura e as políticas da empresa e, nesse sentido, o RH pode ajudar bastante.

Celebração

Não espere pela conquista do campeonato para celebrar. Lembre que para ser campeão é necessário ganhar os jogos e para ganhar os jogos precisa primeiro fazer gols ou não tomar gols.

Celebre cada vitória, mesmo que seja pequena diante dos desafios maiores. Celebre vitórias individuais e da equipe! Mantenha permanentemente acesa a chama que alimenta a motivação de cada um da sua equipe. A celebração ajuda muito nisso.

Esta lista de ferramentas de liderança e gestão não pretende ser completa. Longe disso! Existem dezenas de outras iniciativas importantes diferentes destas ou derivadas, que podem ajudar a torna-lo um líder de referência para nossos loucos.

Estude, pesquise, aplique, aprenda e crie sua própria fórmula de gestão de pessoas, adequada ao seu jeito de liderar!

8. O DNA DAS COMPETÊNCIAS "DELES"

Na verdade, as pessoas param muito para pensar em competências quando estão avaliando, entendendo ou digerindo as suas incompetências.

A vida é assim mesmo, você só dá valor ao que tem quando perde ou reconhece o que não tem.

Um episódio muito marcante em minha vida foi quando passei por um profundo processo de avaliação – que, na verdade, foi um grande estímulo à potencialização do meu eterno aprendizado no tema pessoas. Conheci duas profissionais muito competentes, elegantes e íntegras que me estimularam a desenhar a competência de alguém que exerceu a sua loucura e se deu muito bem na vida.

Quando estamos analisando ou avaliando uma pessoa, um profissional diferenciado que efetivamente coloca em prática a sua loucura como forma determinante de alcançar seus resultados, é preciso fatiar o entendimento para decifrar seus potenciais. Isso só é possível quando você estabelece padrões, ou seja, elege competências.

No caso dos loucos, eu me baseio nas seguintes competências:

1. Visão, capacidade estratégica e estruturação;
2. Conhecimento e experiência;
3. Execução em busca do resultado;
4. Liderança de equipes;
5. Formação de relacionamentos, influência e habilidade comercial.

Aqui cabe uma explicação do motivo da habilidade comercial. Entendo que um profissional de sucesso, seja em que área for, tem que ter habilidades de negociação, persuasão e venda. Não conheço nenhuma pessoa de sucesso que chegou lá sem ter essas habilidades em destaque.

Visão, capacidade estratégica e estruturação

Numa perspectiva sintética estamos pensando em criação da visão, julgamento, pensamento independente e inovação. Entendendo aqui que inovação não é uma melhoria contínua. Buscamos a visão de longo prazo, a capacidade para identificar claramente o impacto futuro das decisões do negócio.

Alguém que equilibra naturalmente o operacional com a alavancagem do negócio, que domina o conceito de gestão e do binômio causa e consequência. Ele identifica, reconhece, planeja e implementa ações de curto e longo prazo.

Conhecimento e experiência

Conhecimento no sentido do segmento que atua ou pretende atuar, mixado a uma vivência global e fundamentalmente à gestão de resultados.

Quem conhece, prova de forma inexorável a sua capacidade de gerar resultados no *top line* e *bottom line*.

Execução em busca do resultado

Imagine alguém se jogando do décimo andar, pois tem clareza e certeza de que há um colchão de água esperando por ele. É isso! Sem reações negativas ou dúvidas, ele se projeta para a obtenção de resultados. Impõe mudanças e adaptações positivas, estrutura, valoriza os processos e estimula a produtividade, flexibiliza e é resiliente com enorme poder de decisão.

Esse profissional é focado e orientado a resultados porque ao longo da sua jornada profissional foi um colecionador de metas superadas. Ele executa e entrega.

Liderança de equipes

Ele é um talento? Caso positivo, sabe gerir talentos? Certamente é um formador de times vencedores, tem um estilo próprio de gestão e uma forte experiência em gerir pessoas e seus abundantes conflitos.

Ele atrai, desenvolve e retém profissionais de alto desempenho, tem um ótimo ouvido e transita muito bem em todos os níveis da organização. Obtém comprometimento pelo exemplo, negocia, influencia sempre com o foco no resultado, tem habilidade para construir ambientes produtivos.

Formação de relacionamentos, influência e habilidade comercial

Certa vez, aprendi que não temos segunda chance de causar uma boa primeira impressão. Esse cara tem que ser isso! Impacto e facilidade no desenvolvimento de relações, uma tremenda habilidade para se comunicar, um convencimento natural e uma persuasão sedutora.

Ele avalia riscos, ameaças, oportunidades, decifra o ambiente e sabe tirar proveito positivo e íntegro dele, influenciando pessoas a caminhar na direção desejada, um exímio negociador.

Existem algumas análises e avaliações que vão aparecer espontaneamente e que são muito importantes, pois produzem efeitos colaterais, tais como:

Capacidade analítica;

Curiosidade;

Velocidade de aprendizagem;

Franqueza;

Nível cultural;

Empatia;

Integridade;

Senso de competição;

Senso de empreendedorismo;

Energia;

Perfil desafiador.

As competências vão te auxiliar muito e ainda existem alguns testes online que são balizadores importantes para o seu laudo conclusivo.

Gostaria de descrever de forma sucinta e bem objetiva algumas reflexões para rechear ainda mais a sua avaliação, alguns questionamentos que você vai ter que responder para si mesmo e sedimentar suas conclusões:

Os 16 *check points* que levarão o avaliador, desta vez, você à loucura!

1. Estratégia de planejamento:

    Utiliza raciocínio analítico no planejamento de ações?

    Identifica tendências?

    É exigente no cumprimento dos planos já negociados, visando planejar de forma adequada e antecipada sua estratégia para diminuir os improvisos?

2. Gestão de recursos e processos:

    É versátil para atuar em situações não estruturadas?

    Qual a importância que dá à ordem formal e burocrática do cotidiano?

    Sabe aperfeiçoar e aproveitar os recursos de que dispõe?

3. Acompanhamento e controle:

    Assume verdadeiramente a gestão da sua área e dos projetos que estão sob seu comando?

    Consegue definir indicadores de performance?

    Monitora os resultados de forma imparcial?

    É bom de feedback?

Tem maturidade para corrigir rotas que foram traçadas por ele mesmo?

4. Gestão de demandas:

   Tem percepção de cenários e consegue alinhar prioridades?

   Consegue distinguir urgente de importante?

5. Administrando o tempo:

   Planeja e entrega as tarefas no prazo determinado?

   Equilibra qualidade e velocidade na execução dos seus compromissos?

   Cronograma faz parte do seu dia a dia?

6. Estratégia de decisão:

   É seguro para assumir decisões e posições?

   É ponderado a ponto de entender o impacto de suas decisões no curto, médio e longo prazo?

   Denota coragem e otimismo mediante situações novas, sabendo que esse é o caminho da diferenciação corporativa?

7. Força de trabalho:

Se sente bem, é natural, colocando muita energia em suas tarefas?

Delega atividades mais rotineiras e operacionais, preferindo aquelas que têm cunho mais estratégico e visibilidade pessoal?

Se mantém ativo espontaneamente?

Investe na sua disposição física visando um bem estar emocional para lidar com a pressão natural de seus objetivos?

8. Alinhamento com os propósitos da organização:

    Estabelece alianças e defende suas propostas com clareza?

    Aceita e valoriza posições contrárias à sua?

    Depende de estímulos para exercer suas atitudes de forma autônoma?

9. Influência e persuasão:

    É eficaz no seu papel de líder, mobilizando as pessoas na direção dos seus objetivos?

    É democrático, porém firme visando ser naturalmente eficaz?

    É inspirador, formador de opinião?

10. Comunicação:

    Sabe informar?

    Tem o hábito de se relacionar com objetivo de ampliar a sua visão?

    É didático?

11. Interesse por detalhes:

    Tem a síndrome da perfeição?

    Confunde profundidade nos temas com análise burocrática?

    Terceiriza o controle de detalhes?

12. Flexibilidade:

    Como trata as regras? Com rigor ou com bom senso?

    Se prende a modelos e conformidades prejudicando a dinâmica dos trabalhos?

Enfrenta paradigmas, quebra referências pessoais visando flexibilizar sua própria criatividade?

13. Inovação:

Entende o ambiente e propõe mudanças?

É curioso? Estuda e apresenta alternativas, sendo capaz de propor novas soluções para antigos desafios?

14. Automotivação:

Ambientes de alta competitividade o estimulam naturalmente?

Estar próximo da obtenção dos seus resultados é o suficiente para mantê-lo motivado?

Frustra-se com facilidade?

15. Gestão de conflitos:

Tem habilidade para analisar problemas e conflitos?

Adota uma postura que privilegia a negociação?

Encaminha o processo no sentido do "ganha - ganha"?

Estar no conflito gera desgaste emocional e baixa autoestima?

Denota paciência e tolerância nas discussões?

Tem maturidade para lidar com pressões e tensões?

16. Empatia:

Demonstra os seus sentimentos?

Entende e interpreta a manifestação afetiva das pessoas?

Compreende ou julga?

É sempre convidado a participar e contribuir com os grupos?

Valoriza a sua participação nos atos coletivos?

Seu prestígio é percebido?

Claro e evidente que isso tudo aqui compõe apenas um pequeno auxilio, uma provocação para que, como avaliador, você possa ter uma visão um pouco maior.

Eu e o Serjão aprendemos a duras penas ao longo de nossa vida profissional que deixar passar um perfil clássico de louco à sua frente e não pegar de imediato é exatamente como passar um cavalinho branco selado à sua porta e não montar.

Muitas vezes, o sucesso bate à sua porta e você grita: Estou ocupado!

Muitas vezes, o craque chega para jogar com uma chuteira velha e um calção rasgado e o treinador o coloca no banco de reservas.

Muitas vezes, um cliente entra na loja, tímido, vestido de forma simplória, e o vendedor não lhe dá a devida atenção.

Não se precipite. Não faça julgamentos. Não se assuste. Um louco sempre vai causar forte impacto durante os primeiros minutos de entrevista. Mas, na sequência, ele vai te contagiar e fazer os seus olhos brilharem.

Lembre-se:

PESSOAS DIFERENTES,

RESULTADOS SURPREENDENTES.

Luis Paulo LUPPA é um dos maiores especialistas em vendas do mundo, palestrante, autor de 20 livros e 32 DVDs de treinamento empresarial, destacando-se o *best-seller* "O Vendedor Pit Bull", presente em mais de 30 países.

Graduado em Direito e pós-graduado em Marketing no Brasil, graduado em Varejo nos Estados Unidos, com cursos de especialização na Europa e Estados Unidos em Merchandising e Gestão Empresarial.

Iniciou sua carreira como vendedor em 1980, atuando em empresas do segmento industrial, distribuidor-atacadista, varejo e serviços, foi gerente regional de Vendas, gerente nacional de Vendas, diretor comercial, diretor superintendente, vice-presidente e presidente de organizações nacionais e internacionais.

Em 1993, foi eleito por uma consagrada instituição americana, um dos mil melhores executivos do mundo.

LUPPA já vendeu mais de 2 milhões de exemplares, treinou mais de 800 mil de pessoas no mundo e acumulou diversos prêmios, entre eles, o de Excelência em Treinamento de Vendas, Personalidade do Ano de RH, Palestrante Revelação do Brasil e Palestrante Internacional Brasil - Japão.

Atualmente é o comandante do Grupo Trend, uma empresa com atuação mundial no segmento do turismo.

Neste segmento, LUPPA foi eleito por quatro vezes consecutivas um dos dez empresários mais poderosos do turismo no Brasil, acumulando também por três vezes os prêmios de Personalidade do Turismo. Foi o primeiro sul-americano membro do Conselho Mundial de Viagens e Turismo (WTTC).

Sergio Lopes, em seus mais de 40 anos de carreira, atuou em importantes organizações nacionais e multinacionais, entre elas: Pão de Açúcar, Whirlpool, Philips, Banco Itaú, Deutsche Bank e Qualicorp.

Neste período, também esteve à frente da Solo Consultores na qual desenvolveu diversos projetos de consultoria e treinamento.

Sua última experiência executiva foi em uma das maiores empresas de turismo do Brasil, o Grupo Trend, no qual ocupou a vice-presidência de Engenharia Humana, Atendimento e Vendas, respondendo também pelo Planejamento Estratégico.

Em um mundo em permanente mudança e com cenário atual totalmente "louco" e disruptivo, Sergio lançou a Performance Total, produto de todo o aprendizado obtido na liderança e gestão de pessoas, de processos e de resultados, no qual propõe que todo o profissional ou empresa só conseguem atingir a performance total com a combinação simultânea de três elementos do sucesso: propósito claro, competências diferenciadas e resultados surpreendentes.

Sua experiência multissetorial e multifuncional faz com que circule de maneira integradora e objetiva em áreas como Recursos Humanos, Treinamento e Desenvolvimento, Planejamento Estratégico, Desenvolvimento Organizacional, Gestão de Mudanças, Atendimento ao Cliente e Vendas.